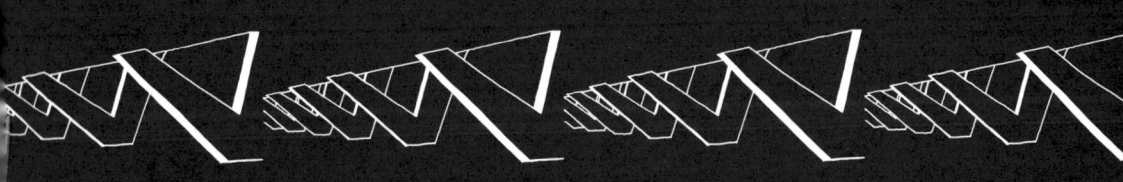

ORNAMENTO *e* MODERNISMO

MARCOS **MORAES DE SÁ**

ORNAMENTO *e* MODERNISMO

A CONSTRUÇÃO DE IMAGENS NA ARQUITETURA

Rocco

Copyright © 2005 by Marcos Moraes de Sá

Direitos desta edição reservados à
EDITORA ROCCO LTDA.
Rua Rodrigo Silva, 26 – 4º andar
20011-040 – Rio de Janeiro, RJ
tel.: (21) 2507-2000 – Fax: (21) 2507-2244
rocco@rocco.com.br
www.rocco.com.br

Printed in Brazil/Impresso no Brasil

PREPARAÇÃO DE ORIGINAIS
Felipe Antunes de Oliveira

PROJETO GRÁFICO DE CAPA E MIOLO
Mabuya Design

CIP-Brasil. Catalogação-na-fonte.
Sindicato Nacional dos Editores de Livros, RJ.

S113o Sá, Marcos Moraes de
    Ornamento e modernismo: a construção de imagens
na arquitetura/Marcos Sá; [prefácio de Affonso Romano
de Sant'Anna]. – Rio de Janeiro: Rocco, 2005.
    il.

    ISBN 85-325-1855-9

    1. Decoração e ornamentação (Arquitetura). 2. Arqui-
tetura moderna – História. 3. Modernismo (Arte).
    I. Título.

05-0333   CDD – 724
                                           CDU – 72.036

A Jonéa, Patrícia e Maria Antônia

AGRADECIMENTOS

À minha mulher, Patrícia, a meus pais, Jonéa e Carlos, a minha irmã Márcia e minha sobrinha Júlia, pela compreensão, carinho e apoio que sempre tive.

À mestra Sandra P. de Faria Alvim, que me ensinou a ver e a analisar a Forma e o valor da metodologia no processo de estudo.

Ao mestre Luiz Paulo Conde, que me ensinou a ver sem preconceitos as qualidades da arquitetura, independentemente da época de sua construção e a importância de associar o fazer ao pensar e vice-versa.

A Vânia Granja, pela sua dedicação ao ideal da "Educação Estética".

A Mauro Neves Nogueira, pelo gentil empréstimo do livro *Ornamento y delito*, de sua vasta biblioteca de arquitetura, essencial para a estruturação desse livro e pelo profícuo convívio que muito contribuiu para minha formação profissional.

A Paulo Knauss, pela leitura dos originais e respectivos comentários sobre alguns termos utilizados e sobre o título da obra.

A Cristiano Mascaro, Manuel Fiaschi e Annie Goldberg Eppinghaus, pela gentil cessão de fotografias para complementar as ilustrações desse livro.

SUMÁRIO

PREFÁCIO – Affonso Romano de Sant'Anna
ENTRE O MODERNO E O ETERNO   11

INTRODUÇÃO   19

CAPÍTULO I
O ORNAMENTO COMO ARQUÉTIPO
E A NOÇÃO DE ARQUÉTIPO NA PSICOLOGIA ANALÍTICA   23

CAPÍTULO II
O ORNAMENTO NA HISTÓRIA DA ARQUITETURA NO OCIDENTE   29

Grécia: o ornamento como base do sistema compositivo

Roma: o valor da estrutura e o aspecto decorativo

Românico: o ornamento e o purismo geométrico

Gótico: o ornamento como elemento de comunicação

Renascimento: o ornamento como instrumento para a proporção

Maneirismo: o ornamento como expressão da crise

Barroco: o ornamento e a expressividade formal

Neoclassicismo: o ornamento e a busca da verdade

Ecletismo: o ornamento como expressão da fantasia

Pré-Modernismo: a Escola de Chicago, o Art-nouveau e o Art-déco

O ornamento e o processo de sucessão dos estilos

CAPÍTULO III
O ORNAMENTO E A ARQUITETURA MODERNA   77

Um manifesto tardio do Modernismo

Em defesa do Ecletismo

Separando o joio do trigo

CAPÍTULO IV
O ORNAMENTO COMO OPOSIÇÃO AO MODERNO   83

Adolf Loos: Ornamento e crime

A verdade dos materiais

A função acima de todas as coisas

Zeitgeist – o espírito da época

Arquitetura ou revolução

As idéias emblemáticas de Ruskin e Sullivan

John Ruskin: "A ornamentação é a principal parte da arquitetura"

Louis Sullivan: "A forma segue a função"

CONCLUSÃO
O ORNAMENTO MODERNO   95

O material como um novo ornamento

A forma como um novo ornamento

Arquitetura X Imagem

GLOSSÁRIO	117
ÍNDICE DOS ARQUITETOS CITADOS	127
NOTAS	137
REFERÊNCIAS BIBLIOGRÁFICAS	143
CRÉDITO DAS FOTOS E DESENHOS	147

PREFÁCIO

ENTRE O MODERNO E O ETERNO

Neste livro, o arquiteto Marcos Moraes de Sá nos traça, primeiramente, uma história sintética da evolução dos estilos arquitetônicos nos últimos 2.500 anos, da Grécia aos nossos dias e, a seguir, faz a crítica ao ideário daqueles arquitetos que na modernidade decretaram a morte do ornamento a exemplo de Adolf Loos e Mies van der Rohe, considerando também as nuances do pensamento ou da obra de alguns criadores como Louis Sullivan (da Escola de Chicago), Robert Venturi, Renzo Piano & Richard Rodgers (autores do Centro Pompidou), Le Corbusier, Oscar Niemeyer, Frank Ghery (do Museu Guggenheim de Bilbao). Ao final, ele estuda como a "forma" e os "materiais" constituíram-se em novas estratégias de ornamento dentro da arquitetura que se queria limpa de qualquer decorativismo.

Esta apresentação não pretende repetir ou adiantar o que está clara e didaticamente no interior deste livro. Penso que Marcos sugeriu meu nome para esta apresentação por causa de algumas questões que eu havia indicado em livros como *Barroco – do quadrado à elipse* (Ed. Rocco) e *Desconstruir Duchamp* (Ed. Vieira & Lent), nos quais tento entender a arte de ontem e hoje. Isto me abre um espaço para ampliar um imprescindível trabalho interdisciplinar, tendo em vista que se torna cada vez mais evidente que as questões artísticas, em muitos casos, deixaram de ser "artísticas" e "estéticas" e podem ser melhor entrevistas por disciplinas conexas.

"Será que estaremos condenados a ser eternamente modernos?" – é a pergunta crucial que Marcos faz no meio deste estudo. Uma pergunta que se torna incontornável, agora que cronologicamente saímos do século XX e, em vários ramos do conhecimento, começa um esforço de revisão de nossa cultura nos últimos cem ou cento e cinqüenta anos.

É epistemologicamente imprescindível que se leia o movimento de *ruptura* que foi a modernidade, a partir de um outro espaço que nos deixe desembaraçados para ver os "acertos" e os "equívocos" das práticas estéticas e artísticas que nos seduziam ontem. Sem essa corajosa investida analítica, sem esse deslocamento teórico, ficaremos parafraseando tontamente o que ontem era novidade e hoje é, em muitos casos, um "maneirismo decadentista".

Fomos educados *dentro* da modernidade e *para* a modernidade. Isto abriu e, paradoxalmente, fechou o nosso horizonte. Somos de uma geração que aprendeu a ironizar autores do século XIX e todo o passado, porque éramos modernos e eles não. Era como se tivéssemos tido a felicidade de ter nascido no topo de um monte, com uma visão privilegiada da história e externávamos uma certa pena dos que viveram antes. Não é à toa que a modernidade cultuou a verticalidade e os revolucionários à direita e à esquerda pareciam profetas que haviam recebido no alto do Sinai as novas tábuas da lei.

A modernidade, não contente de apossar-se da história presente, vivendo a mística do progresso tal como foi desvairadamente cultivada nos séculos XIX e XX, achava que tinha também inventado o futuro. E por tê-lo inventado passou a colonizá-lo e a desprestigiar o passado com uma certa arrogância. Estrategicamente as tropas vanguardistas avançavam pela esquerda e pela direita para fixar seus domínios. O futuro era luminoso, o homem e a máquina unidos em simbiose perfeita sanariam todos os males, derrotariam a doença e a morte produzindo uma história limpa, veloz e ascética digna de um super-homem. Em ascensão histórica arquiteta-se a utopia da verticalidade com Louis Sullivan(1856-1924) construindo arranha-céus em Chicago, e Tatlin(1885-1953) criador do Construtivismo russo imaginando um monumento com cem metros a mais que os 300 metros da Torre Eiffel. Enquanto isto, na Itália, futuristas como G. Balla e E. Depero, querendo algo ainda mais radical, futurizaram, de vez, todo o universo, resultando daí o manifesto "Reconstrução futurista do universo"(1915).

Mal sabíamos que, ao final do século XX, nos esperava de certo modo o avesso disto tudo. Depois dos desastres políticos à esquerda e à direita irrompeu a pós-modernidade (ou modernidade em alguns aspectos decadente e maneirista) reativando o niilismo dadaísta e o expressionismo *dark* retemperando o discurso da morte da história, da morte da arte, da morte do homem, da morte de Deus, transformando o século, que se iniciou tão arrogante e imperioso num vasto cemitério de idéias e ideologias. Da mesma maneira que os modernos inventaram um futuro nos seus manifestos, os pós-modernos decretaram que o futuro não existe, que a vida é apenas um acontecimento sem sentido, presa somente ao "agora".

De algum modo o "Manifesto futurista" da arquitetura (1914) de A. Sant'Elia, preparava o contra senso que vivemos hoje, quando dizia: "as casas durarão menos que nós. Cada geração deve fabricar a sua cidade." O resultado aí está no caos das grandes metrópoles que a cada quinze anos destroem seu passado com uma voracidade atroz numa autofagia cultural inconseqüente. E embora aqui e ali encontremos construções belas e inventivas, estamos cercados de caixotes de concreto com cômodos cada vez mais opressivos.

Fazendo uma charge dessa situação, diríamos que foi como se do futurismo romanceado de Júlio Verne e das figurações pop de Flash Gordon passássemos ao decadentismo tipo *Blade Runner* de Ridley Scott – um futuro abastardado, *dark*, poluído, violento, onde as populações suburbanas verminam nos muros das metrópoles. Enfim, um não-futuro. Já não sabemos o que fazer das hordas subdesenvolvidas que escalam os muros de vidro e aço do Primeiro Mundo, enquanto os "excluídos", quando não nos assaltam e matam, sem precisar ultrapassar nossos portões fortificados, já derramam em nossas casas, pela televisão e pela internet o excesso, o kitsch, a violência e o escárnio despejando o lixo na sala de visitas. E, assim, enredados na sofisticação tecnológica, uma sensação de fracasso e impotência nos faz sentir que vivemos uma história em estado de aporia.

Nossa história parece mesmo feita de movimentos de sístoles e diástoles, de contração e distensão, de atitudes racionais *versus* espasmos irracionais. Por isto, embora o modernismo, ao contrário do que se pensa, não seja nada harmônico e tenha tendências e linguagens até contraditórias, o culto da ruptura continuada criou o que se poderia chamar de *estética da subtração*. Essa estética emerge onde antes havia, no final do século XIX uma *estética da adição*. A linha de despojamento modernista ilustrada na pregação funcionalista na arquitetura, por exemplo, foi uma resposta à estética da acumulação e do exagero dentro do ecletismo estilístico imediatamente anterior. Foi um movimento de ação e reação. E isto pode ser observado em outros ramos do conhecimento e das artes. Assim, do discurso ornamental de um escritor como Danunzio ou da retórica neogótica e neobarroca de um Gaudí, dos cenários e aposentos de uma Sarah Bernhardt, do neohelenismo germânico de Wagner, do estilo floral, do decorativismo da Belle Époque e do "art-nouveau", que eram estratégias de adição e acumulação, passou-se, numa das tendências da modernidade, à *estética da subtração,* que deu nas paredes brancas sem ornamento, nas telas de Malevtich tematizando "o branco sobre o branco" e Mies van der Rohe, minimalista *avant la lettre,* dizendo que o "menos é mais".

Não estranha que intensificando a estética da negação e da subtração, querendo chegar à "medula" e ao "osso" e negando o resto do organismo, a modernidade colocasse primeiro o ruído e o silêncio em lugar da música, propusesse a escultura que se derrete e se autodestrói, o teatro sem atores, sem texto e sem palco, enfim, de subtração em subtração chegou-se à anti-arte, à não-arte, ao nada.

Ainda que de passagem, não posso me furtar de estabelecer um paralelo, com o que ocorreu com o modernismo literário brasileiro. A estética do menos e da subtração, na literatura, manifestou-se de várias maneiras. Primeiramente num combate à retórica bacharelista, mencionada tanto por Mário quanto por Oswald de Andrade, em manifestos e até em obras de ficção como *Macunaíma.* Tornou-se lugar-comum, e até com algum acerto, zombar do estilo floreado de Rui Barbosa e Coelho Neto, embora não se atrevessem a colocar aí a densa floresta verbal de Euclides da Cunha.

Além disto, a *estética da subtração* tentou limpar a poesia do "poético" aproximando-a o mais possível do ambíguo limite com a prosa. Na ficção, a busca de uma linguagem que fugisse à retórica já conhecida, levou à busca de uma linguagem coloquial, direta, vulgar mesmo e, em alguns casos, tangendo a linguagem jornalística. Mas, passado o surto inovador, os melhores autores se libertaram desse radicalismo juvenil para construir suas obras de maneira menos programática e mais complexa reinventando o "ornamento" ao seu modo.

No que diz respeito à arquitetura, no princípio do século XX, vivendo romântica e autoritariamente a utopia modernista, enamorados da ciência e da máquina, imaginava-se que as casas seriam "máquinas de morar". A face mais radical da modernidade adotava a linha reta, a repetição geométrica minimalista e a limpeza como formas de celebrar o futuro e combater o vírus romântico da subjetividade, decretando, por exemplo, que o ornamento era não só dispensável, mas, espantosamente, como afirmou o arquiteto Adolf Loos citado neste estudo, "ornamento é crime".

Entende-se, historicamente, que se tenha chegado a essa afirmativa tão peremptória, quando se lembra a que ponto a arte, na passagem do século XIX para o século XX, tornou-se kitsch, praticando o princípio da acumulação, do empilhamento, da ocupação de todos os vazios dentro do estilo que genericamente se chamou de eclético.

Com efeito, Abraham Molles situa a origem do kitsch em 1860 e dá como "O rei do Kitsch" Luís II, o monarca de Munique, que passeava com seus amigos e artistas (tipo Wagner) em uma barca atrelada a um cisne passando por entre ninfas e deusas entoando músicas.

É ilustrativo da estética ornamental a comparação que Molles faz do que seria uma sala de estar em 1890 e outra em 1960. Na primeira, onde as pessoas passavam cerca de três ou quatro horas por dia, havia cerca de duzentos objetos tipo: conchas de mar decoradas e pintadas, espelhinho emoldurado em prata, caixa de luvas, vaso chinês, presa de elefante, amostra de lavas do Etna, lampiões de mineiro em cobre. Repito, eram uns duzentos objetos. Enquanto isto, numa sala de 1960, onde as pessoas passavam de seis a oito horas, apenas trinta e poucos objetos tipo televisão, discos, um telefone, um relógio elétrico, um projetor de diapositivos.

Entende-se, portanto, historicamente, a reaçao modernista ao exagero decorativista. Mas não se pode deixar de anotar que os modernistas caíram num vezo igual e contrário ao decretarem a morte da decoração ou simplesmente desconhecer que ela não é apenas um trejeito de época, senão uma das manifestações simbólicas do imaginário humano. Banir ou interditar a decoração é semelhante a levá-la ao exagero e ao paroxismo. Reconhecer e analisar isto é começar, como o faz o autor deste livro, a rever o passado recente e antigo com certa eqüidistância.

Como disse no princípio, não se pode enfrentar essa questão apenas com argumentos estéticos. E as palavras de ordem dos teóricos futuristas e modernistas podem ser melhor entendidas quando submetidas, por exemplo, à luz da sociologia ou da antropologia. Por aí se observa o ímpeto messiânico de alguns artistas que fazia com que o mesmo Loos, como se tivesse recebido diretamente de Deus ou Júpiter uma revelação, dissesse: "Descobri o seguinte e o comuniquei ao mundo: a revolução cultural corresponde à eliminação do ornamento do objeto comum (...) Dentro em breve as ruas das cidades brilharão como paredes brancas. Como Sião, a cidade Santa, a capital do céu."

Desta feita ele não escamoteou sequer o mito utópico judaico-cristão, entregou de bandeja o substrato de seu pensamento. Esse aspecto utópico, romântico e autoritário seria igualmente registrado em Frank Lloyd Wright (1867-1959), ao anunciar: " Não só pretendo ser o maior arquiteto que já nasceu como o maior arquiteto de todos os tempos." Isto se parece ao que dizia outro modernista, o messiânico poeta Ezra Pound: "Serei poeta. O maior de todos."

Esse messianismo pode ter emulado o talento de muitos desses artistas excepcionais, mas não há negar que não foi apenas um fato estético, mas político que manifestou-se à esquerda e à direita forçando a uniformização das consciências. Por isto, os manifestos vanguardistas têm o tom militar de "palavra de ordem". A modernidade, que nos trouxe obras inovadoras e extasiantes, gerou também formas modernas de barbárie. Isto porque o conceito de história de grande parte do modernismo e do futurismo não admitia fraturas, fendas, fraquezas, volutas, curvas. Por isto, ornamento e subjetividade eram crimes.

É legítimo indagar: Como pessoas criativas e inteligentes puderam chegar a essas posições ideológicas difíceis de serem sustentadas seja no campo da estética, seja em domínios conexos que explicam as manifestações simbólicas dos humanos?

Os primitivos da Nova Zelândia ou os índios brasileiros que ornamentam seus corpos e desenham sofisticadas figuras em seus utensílios; os homens e mulheres civilizados que desde os anos 60, no Ocidente, vêm deixando seus cabelos crescerem, inventando penteados os mais bizarros, pondo-se brincos e *piercings*, atualizando hábitos tribais intemporais; esse incessante renovar-se da moda, que deixou de ser privilégio da aristocracia, para ser uma manifestação de qualquer pessoa que tem acesso ao mercado de consumo; enfim, até mesmo esse retorno da arquitetura pósmoderna, como um *ouroborus*, reincorporando fachadas clássicas, colunas gregas e romanas num anacronismo modernoso, tudo isto prova que o programa radicalizante dos *designer*s, dos arquitetos, dos poetas, dos músicos, dos artistas plásticos, dos bailarinos e dos romancistas do princípio do século XX foi refeito e adaptou-se à inventividade de cada novo criador. O ornamento, conquanto possa ser criticado na sua excessividade, é uma função do imaginário. E simplesmente decretar a sua extinção é não entender ou querer eliminar mais de quarenta mil anos de história. É como aquele imperador chinês que mandou queimar todos os livros e decretou que a história começava com ele.

E, paradoxalmente, tanto dentro da arte moderna quanto da pósmoderna, alguns dos maiores artistas são grandes ornamentistas. Isto na literatura explica tanto um Joyce e um Proust, ambos excessivos e ornamentais, quanto um Guimarães Rosa, reinventando uma narrativa ao mesmo tempo barroca, medieval, romântica e extremamente moderna e inventiva. E em todos os outros ramos artísticos – veja-se Villa-Lobos na música, encontram-se grandes exemplos da vida e metamorfose do ornamento. Na verdade, os melhores e mais autênticos artistas dentro da modernidade superaram e corrigiram os exageros futuristas. Como diz o autor deste livro, "é preciso, pois, entender que o Ecletismo não era o "reino do mal e dos vícios", como também o Modernismo não era o "bem e a verdade supremos".

Deste modo tornou-se de algum modo paradigmática aquela *boutade* poética de Drummond, que também irrompendo na cena literária ao produzir uma poesia anti-retórica e antiornamental, foi progressivamente caminhando para o reencontro inventivo da tradição, até que num de seus poemas de maturidade, desabafou:

"E como ficou chato ser moderno
Agora serei eterno."

AFFONSO ROMANO DE SANT'ANNA

INTRODUÇÃO

Na história da arquitetura no ocidente existe um momento de ruptura com as formas precedentes: o surgimento da arquitetura moderna. Esta ruptura se dá especialmente no sentido do ornamento, na sua condenação e expurgo como elemento partícipe da composição arquitetônica. Embora inúmeras características diferenciem a arquitetura moderna dos estilos anteriores, a anulação do ornamento é uma das singularidades e especificidades desta diferenciação. Em toda produção arquitetônica anterior, desde a Grécia, Roma, a Idade Média com o Românico e o Gótico, o Renascimento, o Maneirismo, o Barroco, o Neoclássico e o Ecletismo, o ornamento esteve presente nas composições arquitetônicas, seja nos interiores ou nas fachadas e volumes externos. Nesse período, de cerca de dois mil e quinhentos anos, o ornamento apresentou, além de um papel estético, um caráter simbólico e de identificação com o homem configurando-se, em muitos casos, como um elemento de comunicação.

O ascetismo formal inaugurado com o Modernismo não só desqualificou o ornamento como condenou veementemente o seu uso. Vemos hoje, depois da tentativa ingênua do movimento Pós-Moderno[1] de requalificá-lo e aplicá-lo como um elemento simbólico, um retorno à sua desqualificação. Desde o surgimento do Modernismo algumas outras tentativas de caráter marginal foram feitas para o uso do ornamento na arquitetura, mas a sua ausência tem prevalecido.

O ornamento tem estado, por várias décadas, à margem da produção oficial, como algo rejeitado. Tentar compreender o porquê desse fato é o tema deste trabalho. Seu principal objetivo é entender o papel e o significado do ornamento dentro da composição arquitetônica em geral e o porquê da sua negação na arquitetura moderna.

Como um instrumento auxiliar para essa tarefa enfocamos, no capítulo 1, as noções de arquétipo, imagem arquetípica e inconsciente coletivo da obra de Carl G. Jung, na tentativa de criar mecanismos que facilitem a compreensão do porquê da permanência das formas modernas e da rejeição do ornamento como um elemento compositivo. Numa análise preliminar, nos parece que o homem moderno tem a necessidade de transformar o todo arquitetônico em símbolo, esvaziando o seu caráter tectônico e transformando, paradoxalmente, a obra em ornamento ou objeto. Nesse sentido surgem algumas questões: Será que para o modernismo existe um outro sentido para o ornamento? Será que existe o ornamento moderno? O que é o ornamento para o modernismo? Teria havido uma mudança no significado do ornamento? Teria ele mudado de escala e se transformado em grandes partes do todo arquitetônico? Se assim for, é possível que não tenha havido propriamente uma negação do ornamento, mas sim uma redefinição do seu significado.

Considerado até mesmo como um elemento patológico pelo modernismo, supõe-se que o ornamento tenha sido, em outras épocas, parte indissociável da composição arquitetônica. É provável que a confusão em relação ao seu valor seja conseqüência da sua utilização, de forma sistemática a partir do Ecletismo, como um elemento alusivo a um fato, à função do edifício ou ao seu proprietário. O ornamento passou então a apresentar, muitas vezes, um valor intrínseco tal que o sobrepunha às características construtivas e mesmo à composição arquitetônica. Na tentativa de suplantar o Ecletismo, estilo que o antecede, o Modernismo propõe uma rejeição radical dos pressupostos então vigentes. Reduz-se assim o significado do ornamento, criando-se uma justificativa para combater o seu uso. Para fundamentar estas premissas pretendemos analisar, de um modo sucinto, o papel do ornamento nos principais períodos da história da arquitetura, procurando desmistificar o seu caráter secundário de elemento apenas acessório à composição, como usualmente é definido.

Para entender essa radical transformação do modo de pensar o ornamento, abordamos o seu sentido arquetípico dentro da modernidade. Será que estamos condenados a ser eternamente modernos? O que empresta tão grande força ao moderno, contraditoriamente uma palavra tão fraca de significado?[2] Trata-se assim, de uma tentativa de compreensão do processo de transformação do significado estético do ornamento e de enriquecer as possíveis interpretações sobre o tema, criando novas visões sobre a problemática do ornamento no mundo da modernidade, ou mesmo da pós-modernidade. Entender estas questões pode vir a contribuir, de alguma forma, para uma melhor compreensão de nossa época, ajudando a lançar um novo olhar sobre os caminhos estéticos da atualidade e as opções do homem no seu processo de criação.

CAPÍTULO I

O ORNAMENTO COMO ARQUÉTIPO E A NOÇÃO DE ARQUÉTIPO NA PSICOLOGIA ANALÍTICA

A palavra arquétipo nos parece um dos melhores termos para definir o ornamento associado à composição arquitetônica em função da sua utilização por tão longo tempo, nas mais diversas culturas e em diferentes períodos históricos. Cabe, contudo, esclarecer que a nossa intenção é utilizar o termo arquétipo, associando-o ao sentido que lhe deu Carl Gustav Jung e que já foi incorporado nos dicionários: "(...) imagens psíquicas do inconsciente coletivo que são patrimônio comum de toda a humanidade."[1] A palavra arquétipo apresenta ainda o significado de modelo, padrão ou protótipo, expressões que não se enquadram na definição do ornamento porque estariam relacionadas a apenas um tipo específico de ornamento, ao modo como ele é aplicado e às variações na sua forma. Ao identificar o ornamento como um elemento arquetípico, ao contrário, estamos caracterizando-o de um modo genérico, essencial para compreender o seu papel nas composições arquitetônicas ao longo do tempo. Assim, procuramos resgatar preliminarmente os significados específicos dos termos arquétipo, imagens arquetípicas e inconsciente coletivo da obra de Jung, para então tentar associá-los à problemática do ornamento na arquitetura.

Segundo Jung,[2] o arquétipo seria uma tendência instintiva para formar representações de um motivo – *"(...) que podem ter inúmeras variações de detalhes – sem perder a sua configuração original"*.[3] A hipótese que formulamos é que se poderia relacionar esse conceito à utilização do ornamento na arquitetura, na medida em que, aparentemente, existe uma tendência natural no homem a ornamentar, desde os seus objetos de uso corrente até as suas edificações. Assim, a citação acima poderia ser utilizada para criar uma definição para a ornamentação arquitetônica, fazendo-se uma simples transposição: a ornamentação seria uma tendência instintiva para formar representações de um motivo – representações que podem ter inúmeras variações de detalhes – sem perder a sua configuração original. Jung chama de instinto "(...) aos impulsos fisiológicos percebidos pelos sentidos. Mas, ao mesmo tempo, estes instintos podem também manifestar-se como fantasia e revelar, muitas vezes, a sua presença apenas através de imagens simbólicas. São a estas manifestações que chamo de arquétipos".[4] Mais uma vez percebemos a possibilidade de criar uma definição específica para o ornamento a partir desse conceito da psicologia analítica, na medida em que entende-se o ornamento como um arquétipo, ou melhor, uma manifestação arquetípica dentro do quadro das criações artísticas ou utilitárias do homem. Isto porque os ornamentos arquitetônicos, especialmente aqueles dos primeiros tempos, apresentavam conotações simbólicas. Os arquétipos estariam associados ainda à criação de mitos, religiões e filosofias que podem influenciar ou caracterizar determinadas culturas até mesmo épocas inteiras.[5] Novamente poderíamos tomar emprestado esse conceito junguiano, já que o conjunto de ornamentos, ou mesmo a forma de dispô-los em uma composição arquitetônica, podem identificar uma cultura ou um período específico no panorama da história da arquitetura.

Sabemos dos riscos de associar um conceito da psicologia a uma outra área, mas o interesse deste procedimento é, tão-somente, relacionar o sentido adquirido pela palavra arquétipo, já corrente em nossa língua, ao ornamento. Não pretendemos afirmar que o ornamento é resultado de um arquétipo no sentido junguiano específico, mas poder-se-ia dizer, pela força com que ele se manifesta e por sua presença contínua por dois milênios nas edificações, que o ornamento apresenta um caráter arquetípico. Desse modo, não se trata diretamente de uma transposição, mas da associação a conceitos da psicologia analítica como ponto de referência para o estudo do fenômeno da ornamentação arquitetônica, entendendo-o como uma manifestação cultural do homem. É importante assim, explicar que a tentativa de associar o ornamento ao termo arquétipo se faz no sentido de estabelecer, para ele, a qualidade de se inserir subliminarmente no pensamento humano. Tal fato se daria, possivelmente, a partir do seu emprego em edifícios ou formas construídas, aos quais se emprestaria um valor simbólico. Assim, entendemos o ornamento como uma imagem que se incorporou ao inconsciente coletivo e passa a ser utilizada e associada, quase que automaticamente à forma arquitetônica. Nesse sentido, deve-se esclarecer novamente que não se trata da aplicação literal do conceito junguiano de arquétipo, mas de tomar emprestado da psicologia analítica a força expressiva que a palavra adquiriu a partir da sua utilização para descrever um fenômeno psíquico.

Seguindo a associação ao pensamento junguiano, o ornamento não poderia ser um arquétipo, mas sim uma manifestação ou produto de um arquétipo. "As poderosas forças do inconsciente manifestam-se não apenas no material clínico, mas também no mitológico, no religioso, no artístico e em todas as outras atividades culturais através das quais o homem se expressa. Obviamente, se todos os homens receberam uma herança comum de padrões de comportamento emocional e intelectual (a que Jung chamava arquétipos), é natural que os seus produtos (fantasias simbólicas, pensamentos ou ações) apareçam em praticamente todos os campos da atividade humana." [6] Portanto, o correto seria definir o ornamento como o produto de uma imagem arquetípica ou de um arquétipo. O ornamento, por sua vez, só poderia adquirir um valor arquetípico quando a sua imagem ou imagens adquirissem um valor próprio e se tornassem quase que autônomas em relação ao objeto. De todo modo não mais se trataria do ornamento, mas sim da imagem do ornamento. Só a partir desse sentido, e com essa ressalva, é que se poderia falar do ornamento como arquétipo, sendo este o significado que pretendemos utilizar neste ensaio para explicar o emprego desse elemento.

Carlos Antônio Leite Brandão emprega o termo "arché" ou "origem arquetípica" em seu livro *A formação do homem moderno vista através da Arquitetura*, num sentido correlato, mas diferenciado. Na arquitetura a "arché" nos remeteria "(...) às origens, aos princípios fundamentais e às leis originais e éticas que atravessam a sociedade. (...) (A arquitetura) nos põe em contato com as origens arquetípicas, as representações e as concepções mais fundamentais daqueles que a construíram. Assim fazendo, a arquitetura participa da história das significações existenciais, torna-se signo do homem e permite-nos atingir suas concepções mais profundas".[7] Nesse sentido, a palavra arquétipo possui um sentido de elemento original, matriz subjetiva e substância a partir da qual se molda a forma de uma edificação. Contudo, só a "verdadeira obra arquitetônica" seria repositório desta significação.[8] Para complementar essa afirmação transcrevemos algumas palavras de Michel Haar: "Toda obra, e em particular uma grande obra (...) apresenta uma coesão, uma unidade orgânica tão poderosa, que ela remete mais a si mesma que a qualquer outro ente no mundo. (...) e, no entanto, mesmo estando voltada sobre si mesma, como que mostra um mundo, faz ver de um modo novo nosso universo cotidiano." [9]

O significado utilizado por Brandão nos parece, portanto, complementar àquele junguiano, pois se uma edificação consegue ser o repositório de todo o ideário de uma época, ela se transformaria em símbolo e, possivelmente, em uma imagem arquetípica, capaz de influenciar e caracterizar um período.[10] Entendendo o ornamento como parte integrante da arquitetura, ele também traria em seu bojo esse sentido arquetípico. Entendendo-o simultaneamente como um elemento formalmente autônomo, ele ainda apresentaria esta significação. Por sua vez, o modo específico como ele é empregado na composição arquitetônica mais uma vez poderia ser interpretado com o mesmo significado. Assim, a visão de C. A. Brandão ajuda a melhor entender o ornamento e ampliar a nossa visão sobre ele. Deve-se ressaltar, contudo, que esse autor não quer "(...) provar que a arte é produto do meio, mas que é co-autora dele, e interage com ele dialeticamente".[11] Nesse sentido Brandão, mais uma vez, se aproxima do pensamento junguiano, o qual parte do pressuposto do "(...) fato psicológico de que o artista sempre foi o instrumento e o intérprete do espírito de sua época. (...) Consciente ou inconscientemente, o artista dá forma à natureza e aos valores da sua época que, por sua vez, são responsáveis pela sua formação".[12]

Jung entende o arquétipo como o modo de expressão do inconsciente coletivo.[13] Este, por sua vez, consistiria "(...) em formas de pensamento preexistentes, chamadas arquétipos, que dão forma a certos materiais psíquicos que penetram na consciência".[14] O inconsciente coletivo seria o repositório de toda a experiência humana, desde as eras primitivas de sua existência. A expressiva difusão desse termo o transformou, para o senso comum, quase que num conceito definitivo. Muitas vezes é utilizado como uma verdade a priori para justificar ou explicar inúmeras hipóteses.

Pretende-se evitar esta banalização do seu significado, associando-o tão somente ao termo arquétipo, ao qual está intimamente relacionado. Para Jung "(...) o inconsciente contém não só componentes pessoais, mas também impessoais e coletivos na forma de categorias herdadas de pensamento ou arquétipo".[15]

Dentre os mestres fundadores das bases do modernismo, destaca-se o arquiteto Adolf Loos (1870-1933), radicado em Viena, pela força de seus escritos nos quais trata da questão do ornamento como antítese da modernidade. Dentre os mais famosos dos seus ensaios está aquele denominado "Ornamento e crime" de 1908. Loos fez uma interessante afirmação, em 1924, que pode ser associada ao conceito junguiano de inconsciente coletivo: "A forma e a ornamentação são o resultado de um trabalho conjunto e inconsciente dos homens dentro de um esfera cultural específica."[16] Segundo Roland Schachel, autor da coletânea de textos de Loos: "Repetidas vezes Loos insistiu na incapacidade do indivíduo isolado criar uma forma."[17] Esta nos parece uma das melhores traduções do termo "inconsciente coletivo" para o campo da arte e da arquitetura.

Do mesmo modo que para "(...) Jung, seus conceitos eram simples instrumentos ou hipóteses heurísticas destinados a facilitar a exploração da vasta e nova área da realidade a que tivemos acesso com a descoberta do inconsciente (...)";[18] para nós, as associações que fazemos com os conceitos junguianos de arquétipo e inconsciente coletivo são simples instrumentos empregados para explicitar a força do ornamento, facilitar a compreensão do seu papel nas composições arquitetônicas e do significado do processo de rejeição que ele sofreu a partir do desenvolvimento da arquitetura moderna.

CAPÍTULO II

O ORNAMENTO NA HISTÓRIA DA ARQUITETURA NO OCIDENTE

Para melhor compreender o papel do ornamento na composição arquitetônica procuramos formar um panorama da sua utilização que revela a sua importância e permanência nos cerca de 2.500 anos que vão desde a Grécia até os dias atuais. Visamos ainda lançar bases que permitam um melhor entendimento do processo de criação ou reelaboração das formas ornamentais e da perda, apropriação ou incorporação de novos significados para as mesmas. Para alcançar esse objetivo fazemos uma análise esquemática do uso do ornamento arquitetônico, resgatando, de modo sucinto, o seu papel estético, simbólico e de elemento de comunicação nos estilos do passado. Como os períodos e os tipos de edificações são diversos e como também o são os diferentes níveis de complexidade, esse trecho do livro terá, com certeza, um caráter reducionista e simplificador. No entanto, é justamente nesse sentido que está o seu valor dentro do tema proposto, pois o interesse é alcançar uma visão panorâmica do assunto. Por outro lado, não pretendemos abarcar todos os aspectos de um período tão extenso e de tão grande complexidade. Procuramos apenas tecer um panorama preliminar da aplicação do ornamento arquitetônico para facilitar a formulação de hipóteses e respaldar a estruturação dos capítulos seguintes. É preciso deixar claro também que não temos a pretensão de fazer uma história do ornamento, mas sim procurar entender o uso específico do ornamento de caráter arquitetônico na composição dos edifícios.

Nosso intuito é, a partir da análise proposta, levantar a hipótese de que o ornamento teria adquirido um caráter arquetípico, ou seja, passou a ser um elemento indissociável do pensamento arquitetônico. Acreditamos que, mesmo quando ele é negado ou quando pretende-se a sua supressão, na verdade o que ocorre seria uma requalificação do seu significado, uma nova forma de utilização do ornamento e uma nova resposta formal para este.

Grécia: o ornamento como base do sistema compositivo

Antes de tudo cabe esclarecer que estamos analisando a arquitetura produzida na Grécia antiga, referindo-nos especialmente aos templos, considerados as edificações mais expressivas dentre aquelas de caráter público do período. A construção desses edifícios baseava-se no sistema estrutural trilítico, ou seja, era formada basicamente por elementos verticais sustentantes (colunas ou mainéis) e elementos sustentados horizontais (lintéis). A estes elementos pode-se acrescentar ainda o frontão, um elemento triangular resultante dos planos inclinados das águas do telhado. Sua principal característica era o peristilo, seqüência de colunas na fachada, ao redor de toda a construção. Esse esquema nasceu possivelmente ainda nos primitivos templos de madeira que antecederam aqueles que ora analisamos, construídos em pedra.

Como esse material também era utilizado nos elementos estruturais, e como ele apresenta pouca resistência à flexão, o espaçamento entre os apoios era relativamente reduzido. Os peristilos apresentavam, assim, uma grande quantidade de colunas que alcançavam, por isso mesmo, grande expressividade na composição. Esta característica, acentuada por sua ornamentação, fez das colunas o *leitmotiv* de toda a arquitetura grega. Outra importante característica é que toda a edificação e também suas diferentes partes eram subdivisíveis, por sua vez, em três partes. As colunas, por exemplo, dividiam-se em base, fuste e capitel e o lintel ou entablamento em arquitrave, friso e cornija, cada uma dessas partes representada por uma ornamentação específica.

Além dos ornamentos associados aos elementos estruturais, havia na arquitetura grega, ornamentos escultóricos de caráter descritivo (cenas de batalhas ou eventos associados à mitologia, por exemplo). Eles, de certo modo, contavam histórias fazendo do edifício um suporte para a transmissão da cultura "literária". Esta característica estava presente também na arquitetura das culturas orientais da Mesopotâmia e do Egito que precederam a cultura grega.

Figura 1 – O templo grego, de planta retangular na grande maioria dos exemplos, era formado por uma colunata que sustentava um elemento horizontal (entablamento), encimado pelo telhado, cujo arremate nas duas fachadas menores é feito por um elemento triangular (frontão).

Hoje é amplamente aceita a hipótese de que os ornamentos associados aos elementos do sistema estrutural grego (colunas e entablamentos) tenham sua origem formal nas construções de madeira que teriam precedido as edificações construídas em pedra. Esses ornamentos seriam, em grande parte, a transposição para a pedra do aspecto visual e de detalhes relativos à carpintaria dos templos iniciais. Esse fato confirma a necessidade de se manter, na arquitetura, imagens relativas a um passado e que se fixaram no inconsciente coletivo através de associações simbólicas da forma, mesmo quando sua função não mais existe: é a função simbólica da forma que prevalece neste caso. Segundo Henri Stierlin, a origem da colunata que circunscreve os templos gregos seria a representação simbólica da floresta sagrada.[1] A partir da hipótese da função simbólica da forma podemos supor que as colunas e os demais elementos a elas associados já teriam se transformado em imagens arquetípicas quando foram utilizadas nas construções de pedra dos templos.

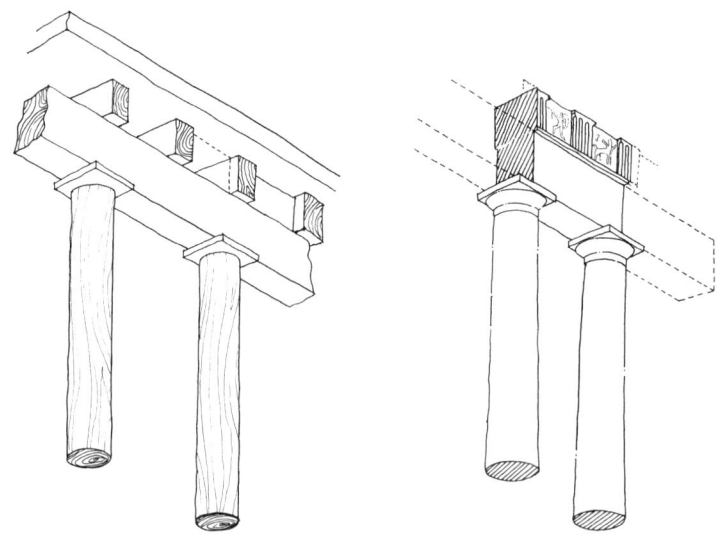

Figura 2 – A transposição para a pedra do sistema construtivo em madeira. O sistema trilítico é formado por elementos sustentantes verticais (as colunas ou mainéis) e elementos sustentados horizontais (as vigas ou lintéis). A origem formal da estrutura em pedra está em construções de madeira: colunas sustentam vigas longitudinais (transformadas em arquitrave) que, por sua vez, suportam vigas transversais (transformadas em tríglifos). O espaço entre as vigas transversais é fechado por painéis (transformados em métopas, que junto com os tríglifos formam o friso). Sobre as vigas transversais um elemento horizontal em balanço (transformado em cornija) evita que as águas do telhado caiam sobre a estrutura, possibilitando maior durabilidade. Na transposição do sistema estrutural de madeira para aquele de pedra é possível que o espaçamento entre as colunas tenha sido reduzido devido à menor resistência à flexão desse material.

Os gregos definiram três tipos de coluna – dóricas, jônicas e coríntias – identificáveis através da ornamentação dos seus capitéis ou elementos superiores de arremate. Estas diferenciações de caráter ornamental definiam um sistema de composição para as demais partes do edifício, o qual se denominou ordem. Segundo John Summerson, o termo ordem refere-se aos "(...) tipos padronizados de colunas que são empregados de modo padronizado, os tratamentos padronizados de aberturas e frontões, ou, ainda, as séries padronizadas de ornamentos que são empregadas nos edifícios clássicos".[2] As ordens definiam as proporções, as diversas relações entre as partes e a tipologia dos ornatos que eram utilizados. Podemos dizer assim, que a linguagem ornamental definia todo o sistema de composição, ou seja, que a composição era definida a partir da adoção de um sistema relativamente padronizado de ornamentação. Nesse sentido o

FIGURA 3 – AS ORDENS GREGAS. A DÓRICA É A MAIS RÚSTICA E DE PROPORÇÕES MAIS PESADAS. A JÔNICA, MAIS ELEGANTE, APRESENTA CAPITEL MARCADO POR VOLUTAS E A CORÍNTIA, PROPORCIONALMENTE A DE COLUNA COM MENOR DIÂMETRO E ENTABLAMENTO DE MENOR ALTURA. SEU CAPITEL É FORMADO POR FOLHAGENS DE ACANTO.

ornamento apresentava um papel estruturador da forma final das construções, evidenciando a sua importância na composição arquitetônica.

ROMA: O VALOR DA ESTRUTURA E O ASPECTO DECORATIVO

Os romanos podem ser considerados os herdeiros diretos da cultura arquitetônica grega. Eles foram grandes construtores e ampliaram em larga escala as tipologias e as dimensões dos edifícios públicos, provável resultado da complexidade das cidades e das necessidades advindas da administração de um grande império. A solução técnica utilizada para a construção de locais que permitissem abrigar um grande número de pessoas (como as basílicas e as termas) e para fazer obras de engenharia como pontes e aquedutos, foi a utilização do arco e da abóbada. Estes dois esquemas estruturais permitiram a construção de grandes vãos e de grandes espaços cobertos, acabando com a primazia estrutural das colunas e do sistema trilítico grego. Contudo, as colunas, que desde a Grécia e por mais de 500 anos foram o ponto de partida para a definição de todo o sistema compo-

Figura 4 – O arco e a abóbada na arquitetura romana. Estes elementos foram utilizados para vencer grandes vãos não só nos edifícios como também em grandes estruturas como pontes e aquedutos.

A – Ponte de Gard, perto de Nîmes, França (150 A.C.).

B – Termas de Caracala (211/217 D. C.).

C – Galeria abobadada do Coliseu Romano (70-82 D.C.).

sitivo do edifício, já haviam se transformado em elementos arquetípicos e, por isso, continuaram a ser utilizadas mesmo quando estruturalmente não eram mais necessárias. Nesse sentido deve-se citar mais uma vez Summerson, que bem descreve este processo: "Seja qual for a razão (os romanos), combinaram a arquitetura altamente estilizada mas estruturalmente bastante primitiva dos templos gregos com seus arcos e abóbadas. E assim, ao empregarem as ordens não como mera decoração, mas como instrumento de controle de novos tipos de estrutura, renovaram a linguagem arquitetônica. Apesar de serem, na maioria dos casos, estruturalmente inúteis, as ordens, com cerimônia e grande elegância, dominam e controlam a composição à qual estão associadas, tornando os edifícios expressivos."[3]

As colunas continuaram a ser os elementos definidores das ordens e, embora sua utilização estrutural ainda tenha permanecido, especialmente nos templos que seguiam o padrão grego, elas tornaram-se, muitas vezes, apenas ornamentos aplicados no caso dos demais edifícios. Se por um lado a importância e a continuidade no uso das colunas são tão marcantes que os romanos acrescem mais duas ordens àquelas definidas pelos gregos (as ordens toscana e compósita), por outro lado este fato reforça o sentido decorativo que então apresentavam. Na arquitetura romana aparecem colunas decorativas ao lado dos maciços estruturais nos quais se apóiam os arcos, como também em paredes portantes, confirmando a perda da sua função estrutural mas a continuidade da sua função simbólica. Permanece, portanto, a idéia de um elemento vertical de sustentação e o seu valor como elemento estruturador da composição e articulador das relações entre as diversas partes do edifício.

FIGURA 5 – NO COLISEU APARECE A SUPERPOSIÇÃO DAS ORDENS DÓRICA, JÔNICA E CORÍNTIA. A ESTRUTURA É FORMADA POR ARCADAS SUPERPOSTAS MARCADAS PELA PRESENÇA DE COLUNAS SEMI-EMBUTIDAS, CUJO PAPEL É APENAS DE CARÁTER ESTÉTICO.

A – ELEVAÇÃO DE UM TRAMO DA FACHADA DO COLISEU.

B – COLISEU DE ROMA (70-82 D. C.).

Com o aumento de escala e o surgimento de andares nas construções surge ainda, na arquitetura romana, a superposição de ordens, ou seja, a sobreposição de colunas de diferentes tipos ornamentais. Há também, nesse fato, a perda de uma função estética e metodológica original (a idéia de um tipo de coluna ou ordem como definidora do caráter de todo o edifício).[4] Por outro lado, ocorre um enriquecimento e acréscimo de complexidade na medida em que a composição do edifício passa a apresentar a associação de sistemas correlatos. Nesse sentido pode-se dizer que ocorreu o enfraquecimento da função estrutural da coluna, mas a sua sobrevalorização como elemento ornamental e de articulação da composição.

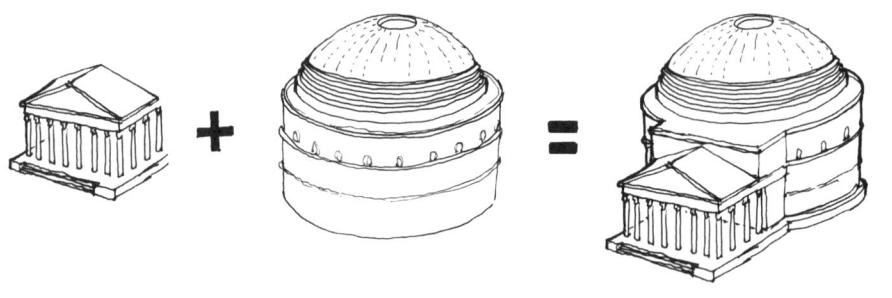

Figura 6 – O Pantheon associa a tradição com a inovação: resulta da associação da forma arquetípica do templo grego com uma construção de planta circular e teto abobadado de grandes proporções, que revela a inovação e a engenhosidade estrutural dos romanos.

Um interessante exemplo da permanência da coluna como um elemento arquetípico é o caso do Pantheon, um dos mais famosos edifícios de Roma. Trata-se de um espaço circular de grandes proporções coberto por uma cúpula. Contudo, para preservar a imagem tradicional de um templo, adicionou-se ao volume circular um pórtico frontal que reproduz a fachada de um templo grego, com colunata, entablamento e frontão triangular. Revela-se assim a necessidade de se manter as formas do passado, as quais possivelmente adquiriram um caráter arquetípico. As colunas foram utilizadas mesmo quando o sistema construtivo e a tipologia formal do edifício permitiam a sua supressão.

Os edifícios e monumentos romanos também apresentavam, como os gregos, ornamentação de caráter descritivo de eventos históricos ou da mitologia. Ocorriam ainda, com relativa freqüência, inscrições de textos ou palavras nas fachadas das edificações. O caráter simbólico e de elemento de comunicação é tão expressivo na arquitetura romana, que ultrapassa a utilização apenas dos ornamentos. Surgem, assim, monumentos urbanos que, apesar de apresentarem um caráter arquitetônico, não possuíam a função de abrigo de atividades humanas, fato definidor da arquitetura por excelência. Trata-se dos arcos triunfais, que não são propriamente edificações, mas sim marcos urbanos simbólicos. Eles talvez sejam os primeiros exemplos de construções de caráter exclusivamente simbólico da civilização ocidental e sem nenhum aspecto funcional, que não apresentavam um significado místico ou religioso. São verdadeiros ornamentos urbanos e sua carga simbólica é tão forte que é possível dizer que, nesse caso, a arquitetura se transforma no próprio ornamento. Essa característica pode explicar inclusive o fato significativo das colunas, no arco de Constantino, estarem completamente soltas da construção propriamente dita e, por isso, não mais simularem ser elementos estruturais. Elas revelam-se claramente apenas como pedestais para estátuas e elementos ornamentais arquitetônicos. As colunas perderam, nesse exemplo, qualquer traço da sua função estrutural original, mas são elementos-chave para o sucesso e para a força expressiva da composição. Acreditamos que só foi possível a permanência desta força expressiva porque as colunas adquiriram o status de arquétipos formais.

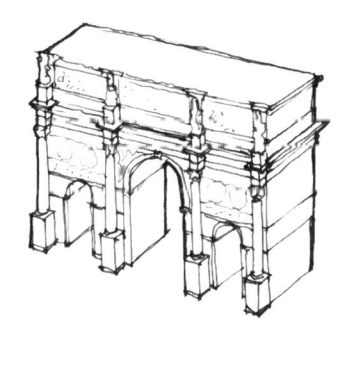

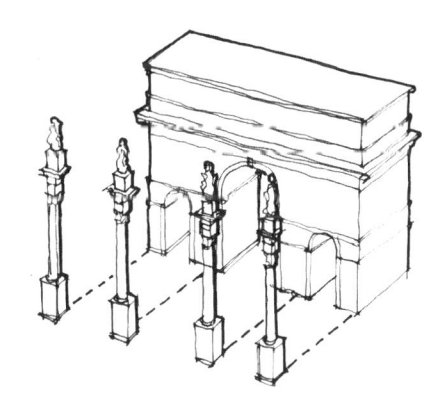

Figura 7 – O arco de Constantino e as colunas sem função estrutural. Nesta construção a coluna torna-se um elemento compositivo de grande força que apresenta-se, porém, dissociado do seu uso original como elemento estrutural. (Roma, 312 D. C.)

A arquitetura romana revela, por um lado, uma continuidade formal com a arquitetura grega, especialmente na linguagem e no vocabulário utilizados. Isto se dá basicamente através dos ornamentos, ou melhor, através de um sistema padronizado de ornamentação que controla toda a composição: a ordem. Por outro lado, o surgimento de novas tipologias de edifícios, resultantes de novos programas arquitetônicos e novas funções, geraram novos sistemas construtivos e novas expressões volumétricas para os edifícios, compostos contudo a partir de uma imagem já cristalizada: a linguagem ornamental clássica. Como conseqüência de todo esse processo, a força expressiva das proporções dos edifícios e dos seus elementos ornamentais perde importância ou se enfraquece. Em contrapartida, cresce o valor do aspecto volumétrico e das soluções técnicas da construção. Nesse sentido o ornamento apresenta um caráter mais decorativo, mas ainda é o responsável pela definição formal final dos edifícios devido ao seu papel estruturador do sistema compositivo.

Românico: o ornamento e o purismo geométrico

A quebra da unidade política européia ocorrida após a queda do Império Romano suscitou o aparecimento de inúmeras variações nas construções, de região para região e inclusive dentro de um mesmo reino, dificultando, por isso, a classificação do românico como um estilo. Analisando, por exemplo, as particularidades das edificações francesas do período, os historiadores chegaram a identificar dezessete diferentes "escolas"[5]. Apesar disso, existem características comuns que permitem a identificação da arquitetura do período. O Românico tem sua maior expressão nas construções religiosas e, salvo as especificidades regionais, apresenta como característica básica a forte identidade volumétrica das edificações. Suas composições são formadas, na maioria das vezes, pela associação de volumes de diferentes alturas, cujas bases são figuras geométricas simples: círculos, semicírculos, quadrados, retângulos e octógonos. A sua força expressiva resulta, em grande parte, do aspecto maciço destes volumes, que apresentam poucas aberturas se comparadas à extensão das suas superfícies. Este aspecto é reforçado, ainda, pela freqüente utilização da alvenaria de pedra, com sua coloração e textura características.

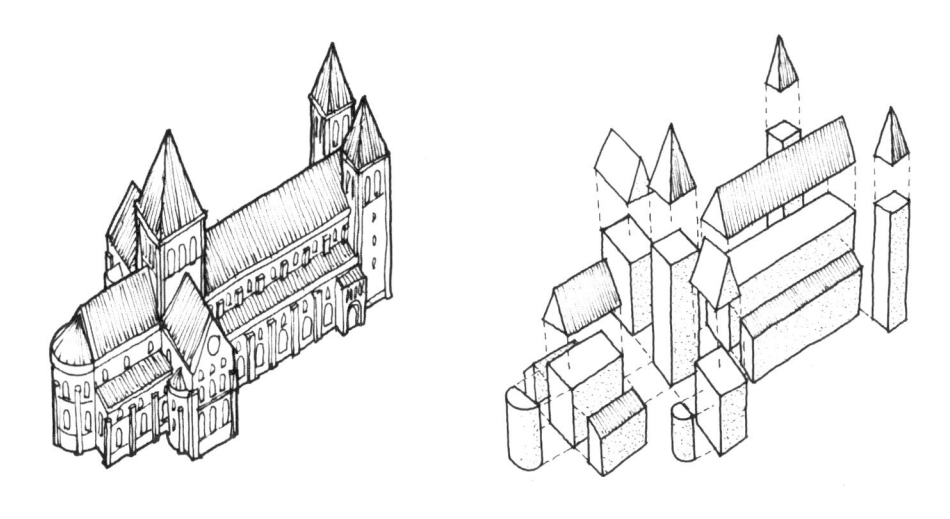

FIGURA 8 – O ESQUEMA COMPOSITIVO DA IGREJA ROMÂNICA É FORMADO PELA ASSOCIAÇÃO DE VOLUMES GERADOS A PARTIR DE FIGURAS GEOMÉTRICAS SIMPLES.

UMA IGREJA ROMÂNICA E A DECOMPOSIÇÃO DA VOLUMETRIA DA SUA CONSTRUÇÃO.

Podemos nos arriscar a dizer que nas edificações românicas a expressividade da associação de volumes é tão marcante e de tão forte impacto visual, que o papel dos ornamentos na composição apresenta um caráter relativamente secundário. A partir dessa afirmação seria possível, inclusive, supor que, em alguns exemplos, a edificação pode prescindir dos ornamentos para caracterizar a sua forma. Eles apresentam um sentido de complementação da composição, estabelecendo um contraponto de refinamento e suavização das superfícies de pedra. Por outro lado, é justamente nos edifícios de menor complexidade volumétrica e nos interiores, que o ornamento apresenta um maior valor compositivo. É o caso da arquitetura românica italiana, que deve ser analisada de um modo isolado em relação às demais.

Na arquitetura românica, os ornamentos não mais se associam a um sistema de relações responsável pela definição formal do edifício, como nos exemplos greco-romanos. A linguagem do classicismo e sua idéia de proporção como um processo de relação entre as partes perdeu, em grande parte, o seu significado. Apesar disso, vários elementos que podem ser associados ao classicismo greco-romano continuam a ser utilizados isola-

FIGURA 9 – NA ARQUITETURA ROMÂNICA É USUAL, NUMA MESMA SUPERFÍCIE, QUE AS COLUNAS APRESENTEM DIFERENTES PROPORÇÕES. EM ALGUNS CASOS ELAS ATINGEM ALTURAS DESPROPORCIONAIS AO QUE SERIA COMPATÍVEL COM A SUA FUNÇÃO ESTRUTURAL PORQUE SÃO, NA VERDADE, ELEMENTOS APENAS DE COMPOSIÇÃO FORMAL. A FUNÇÃO ESTRUTURAL DE SUPORTE É FEITA PELOS MACIÇOS DAS PAREDES E NÃO PELAS COLUNAS.

damente como ornamentos, desvinculados contudo do sistema formal que lhes deu origem. É o caso específico das colunas e respectivas bases e capitéis. Nos interiores, elas ainda guardam em muitos casos a sua função estrutural, permitindo ampliar visualmente o espaço das naves das igrejas. No exterior dos edifícios, ao contrário, elas atuam esteticamente apenas como elementos de compartimentação das superfícies, como molduras, ou mesmo apenas como elementos decorativos isolados. Nesse processo, percebe-se a dissociação entre sua origem estrutural e seu uso decorativo. Na arquitetura romana, mesmo quando o uso da coluna é apenas ornamental, ela ainda simula a aparência de uma coluna estrutural, mantendo a mesma proporção daquele uso, mesmo porque seu dimensionamento faz parte de todo um sistema modular e proporcional. Na arquitetura românica perdem-se as noções clássicas de escala e de proporção, ocorrendo distorções como nos exemplos nos quais as colunas apresentam grande altura e reduzido diâmetro, dimensões incompatíveis com sua imagem e seu papel simbólico de representação de um elemento vertical de sustentação e apoio. É interessante perceber que, quando a coluna apresenta uma nítida função estrutural, o seu capitel aparece, muitas vezes, destituído de ornamentos aplicados e apresenta um aspecto apenas volumétrico. Nos exemplos nos quais a coluna é meramente decorativa ou esse papel é preponderante, o capitel não só está associado a um forte caráter ornamental, como seus ornamentos podem variar de coluna a coluna, dentro de uma mesma seqüência.

FIGURA 10 – COLUNAS ROMÂNICAS.

A – COLUNAS DIFERENCIADAS NUMA MESMA SEQÜÊNCIA NUM CLAUSTRO ROMÂNICO. AS COLUNAS TORÇAS PODEM PARECER ATÉ MESMO UMA IRONIA EM RELAÇÃO AO SEU PAPEL DE ELEMENTOS SUSTENTANTES DE UMA ESTRUTURA.

B – DIFERENTES TIPOS DE COLUNAS NA FACHADA DE UMA IGREJA ROMÂNICA ITALIANA (PIEVE DI SANTA MARIA, AREZZO, SÉC. XIII). A COLUNA, NESTE CASO ASSOCIADA A UMA ARCADA, É TRATADA COMO UM ELEMENTO DE EFEITO PLÁSTICO. A GALERIA QUE LHE É POSTERIOR NÃO APRESENTA QUALQUER FUNÇÃO DE USO.

C – ESTA COLUNA NA ARCADA DA ÁBSIDE DA PIEVE DI SANTA MARIA PARECE CONFIRMAR A UTILIZAÇÃO DA COLUNA DE UM MODO QUE SE CONTRAPÕE À SUA FUNÇÃO ESTRUTURAL.

Nesse período, pode-se encontrar desde o capitel liso e eminentemente estrutural, que rejeita o ornamento, até a ornamentação marcante dos capitéis e mesmo dos fustes. É o caso das colunas torças e daquelas de fuste decorado, relativamente comuns nos claustros românicos e que, de certo modo, contradizem seu sentido estrutural. Aparentemente, uma coluna reta representa melhor e mais diretamente o seu papel estrutural do que uma coluna torça. A própria idéia de se fazer num mesmo edifício, ou ainda dentro da mesma seqüência, colunas de formas variadas, reflete o valor dado ao sentido decorativo desses elementos nesse período.

Nos exemplos italianos, a volumetria é geralmente mais simples e o caráter maciço e o peso visual são suavizados justamente pela presença do ornamento, seja no sentido gráfico conferido ao revestimento em duas ou mais cores, seja na utilização de colunetas e arcos sem uma função estrutural nítida. A desvinculação da forma das colunas à sua escala estrutural e ao sistema clássico de proporções alcança, em alguns casos, uma forte expressão. Até a parede externa, ou a caixa mural, passa a se apresentar como um elemento de composição decorativa, sendo atenuado o seu caráter de vedação ou sustentação. O grafismo bidimensional de algumas fachadas reforça a idéia de desvinculação das formas em relação às suas

FIGURA 11 – UM DOS ESQUEMAS MAIS COMUNS DAS FACHADAS ROMÂNICAS DAS IGREJAS ITALIANAS É O USO INTENSIVO DE COLUNAS E COLUNETAS QUE SUSTENTAM ARCADAS, CONFORMANDO UM SISTEMA COMPOSITIVO. TRATA-SE DE UM ESQUEMA APENAS ESTÉTICO, QUE NÃO APRESENTA UMA FUNÇÃO ESTRUTURAL DEFINIDA EM RELAÇÃO À CONSTRUÇÃO.

A – IGREJA DE SAN MICHELE (1143/SÉC. XIV), LUCCA, ITÁLIA.

B – IGREJA DE SANTA MARIA DI FORISPORTAM (SÉC. XIII), LUCCA, ITÁLIA.

C – BATISTÉRIO DE SAN GIOVANNI JUNTO À BASÍLICA DE SANTA MARIA DEL FIORE (SÉC. XI-XII), FIRENZE, ITÁLIA. ESTA CONSTRUÇÃO REVELA UM OUTRO ESQUEMA COMPOSITIVO PARA AS FACHADAS ROMÂNICAS ITALIANAS BASEADO EM PAINÉIS POLICROMADOS DE MÁRMORE FORMANDO COMPOSIÇÕES DE ASPECTO GRÁFICO.

origens funcionais. O ornamento arquitetônico, em alguns casos abstrato ou sem um simbolismo explícito, ganha a partir de então um papel decorativo estritamente compositivo. Percebe-se assim, nesse caso e nesse momento da história da arquitetura, uma ruptura ou o limite de um ciclo evolutivo do ornamento. Na Grécia, ele faz parte de um complexo sistema de relações entre as partes e o todo que, a partir de então, caminha passo a passo num processo no qual o ornamento vai perdendo o seu significado original em direção a um decorativismo.

Gótico: o ornamento como elemento de comunicação

Durante a vigência do estilo gótico, as construções civis e militares apresentam um importante papel no quadro geral da arquitetura, mas os edifícios religiosos continuam a ser preponderantes do ponto de vista da expressividade formal. O estudo do ornamento no período gótico concentra-se assim, mais uma vez, na análise dos exemplos religiosos. A catedral era o seu foco e a maior parte das atividades de cunho coletivo se desenvolviam no seu adro.[6] Apesar disso, enquanto a arte românica é resultante, quase que exclusivamente de encargos religiosos, a arte gótica nasceu com a ascensão das cidades.

A sofisticação do esquema estrutural da construção e a sua acentuada verticalidade são as características básicas das edificações góticas. Nelas o ornamento aparece com papel de destaque e, embora apresente um valor estético de grande importância, a sua

Figura 12 – A fachada Gótica: como um "outdoor teológico": portada lateral da igreja do Mosteiro dos Jerônimos, Lisboa, Portugal (gótico tardio – Manuelino, séc. XVI).

função como elemento de comunicação talvez seja o sentido definidor do seu emprego. Boa parte dos ornamentos está impregnada de significados religiosos. As igrejas, e especialmente as suas fachadas, são idealizadas como grandes painéis e os ornamentos têm um caráter iconológico. Para Robert Venturi, a fachada da catedral de Reims pode ser considerada "(...)um outdoor teológico tridimensional, se for lido como o fazia um cristão medieval".[7] Para uma população em sua maior parte analfabeta, as imagens e a simbologia dos ornamentos mostravam-se como forma de divulgação dos princípios religiosos. A arte gótica é "(...) simultaneamente uma descrição, uma composição e um símbolo, e era nesse tempo, regida por um código muito rígido".[8]

Na arquitetura gótica a organização da composição é feita, em grande parte, a partir da distribuição de elementos de caráter estrutural nas superfícies, os quais estabelecem os princípios de escala e modulação. Cabe, contudo, fazer uma ressalva: os ditos "elementos de caráter estrutural" são, muitas vezes, apenas ornamentais mas fazem alusão a uma função estrutural, como ocorre com as falsas colunas. Nesse sistema compositivo é essencial a

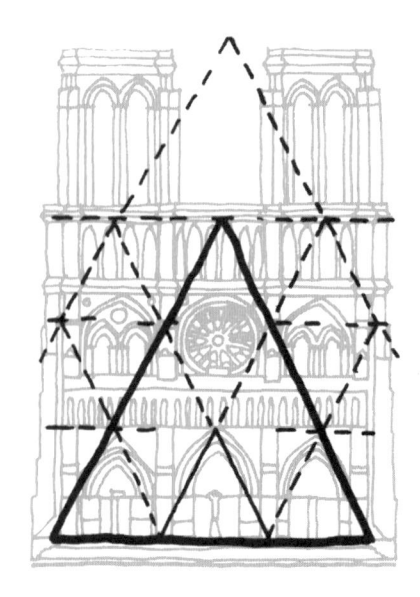

Figura 13 – A modenatura gótica e o sistema de proporção a partir do triângulo equilátero na fachada da igreja de Notre Dame (sec. XII-XIV) Paris, França.

idéia de modenatura: conjunto de molduras e frisos que compartimentam as superfícies. Embora diverso no processo e na forma, esse sistema aproxima-se da idéia de estabelecer um instrumento de controle da composição que permita a criação de um conjunto de relações entre as partes, o que ocorria de modo sistemático com a composição clássica. O sistema de proporções gótico, no entanto, é baseado da figura geométrica do triângulo equilátero. Dentre as várias diferenças entre o sistema compositivo gótico e aquele clássico está o fato dos ornamentos, neste último, apresentarem um caráter essencialmente iconográfico, enquanto, na arquitetura gótica seu papel é eminentemente iconológico ou simbólico. Por isso, os edifícios religiosos góticos apresentam um forte sentido de comunicação. Como Sandra Alvim comentava em suas palestras e aulas: "Os vitrais da Sainte Chapelle ou a fachada de Chartres seriam, mal comparando, a 'televisão da época'."

Na arquitetura gótica a distribuição da ornamentação pelas superfícies produz simultaneamente uma textura ou relevo e suaviza o peso dos volumes. O suporte no qual estão colocados os ornamentos torna-se assim, até certo ponto, secundário em relação aos mesmos, característica que estabelece uma grande coesão entre os ornamentos e a composição geral, tornando-os indissociáveis do todo e integrados à estrutura formal do edifício. No românico pode-se até imaginar uma supressão do ornamento, ou seja, um edifício românico poderia continuar a ser identificado como tal mesmo com a hipotética retirada dos ornamentos das suas superfícies. Já no gótico não ocorre o mesmo, porque a forma de tratar as superfícies é essencialmente ornamental e os ornamentos atuam fortemente na definição e na expressão da forma final.

A arquitetura gótica apresenta uma grande engenhosidade no que diz respeito às soluções estruturais. As pesadas paredes românicas podem agora perder o seu aspecto maciço com a possibilidade de serem perfuradas por inúmeras aberturas, sem o comprometimento da estabilidade da construção, que eleva-se a alturas impressionantes. A associação desses dois aspectos torna-se possível graças a um sofisticado esquema de distribuição dos esforços e multiplicação dos elementos de apoio. Um dos elementos com esta função é o arcobotante que, ao contrário dos maciços e pesados gigantes românicos, contribui para criar a sensação de leveza nos volumes externos da nave e do coro. A associação desse elemento estrutu-

FIGURA 14 – O ESQUEMA ESTRUTURAL GÓTICO E O ARCOBOTANTE: A ABÓBADA DE ARESTAS DIRECIONA O PESO DO TETO PARA OS MACIÇOS, "LIBERANDO" A PAREDE DAS PESADAS SOBRECARGAS ESTRUTURAIS, O QUE POSSIBILITA A SUA PERFURAÇÃO POR JANELAS, ARCADAS E VITRAIS. DEVIDO À GRANDE ALTURA, OS MACIÇOS PRECISAM SER ESCORADOS PELOS ARCOBOTANTES PARA CONTRABALANÇAR O EMPUXO LATERAL PRODUZIDO PELA ABÓBADA DO TETO. PINÁCULOS OU ELEMENTOS VERTICAIS COLOCADOS SOBRE OS APOIOS AJUDAM NO COMBATE A ESSES ESFORÇOS. EXISTE UMA GRANDE INTER-RELAÇÃO ENTRE OS DIVERSOS ELEMENTOS QUE COMPÕEM SIMULTANEAMENTE O SISTEMA ESTRUTURAL E O ESQUEMA ESTÉTICO DA IGREJA GÓTICA, O QUE REVELA A GRANDE ENGENHOSIDADE DA ARQUITETURA DO PERÍODO.

ral com os ornamentos e com um complexo sistema de nervuras tornam leve a aparência do edifício, uma grande façanha se considerarmos que toda a construção é feita em pedra na grande maioria dos exemplos.

Nos interiores, as nervuras assumem um papel preponderante na composição espacial. Elas reforçam o sentido de verticalidade e conferem unidade às superfícies, já que servem de elementos de conexão entre as paredes e os tetos. Sua importância é tal que mesmo as colunas transformam-se em nervuras. Apesar de toda a técnica estrutural existente, o tratamento formal dos elementos não corresponde a uma verdade estática. Assim, os pilares laterais da nave são formados, usualmente, por um feixe de colunas ou recebem várias delas sobre os seus capitéis. Desse ponto, estas colunas alcançam grande altura até se encontrarem com as nervuras dos arcos ogivais das paredes ou das abóbadas do teto. Seus fustes apresentam-se extremamente esguios, havendo, por isso, aos olhos do homem moderno, uma incoerência entre sua representação formal e o seu sentido estrutural. É interessante notar, inclusive que, ladeando estas colunas/nervuras

FIGURA 15 – As nervuras e o feixe de colunas na igreja de Notre Dame (sec. XII-XIV) Paris, França. Vista geral da nave principal e detalhe do teto.

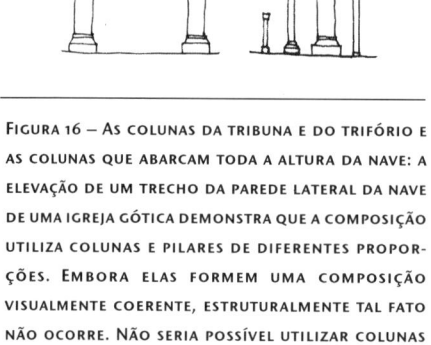

FIGURA 16 – AS COLUNAS DA TRIBUNA E DO TRIFÓRIO E AS COLUNAS QUE ABARCAM TODA A ALTURA DA NAVE: A ELEVAÇÃO DE UM TRECHO DA PAREDE LATERAL DA NAVE DE UMA IGREJA GÓTICA DEMONSTRA QUE A COMPOSIÇÃO UTILIZA COLUNAS E PILARES DE DIFERENTES PROPORÇÕES. EMBORA ELAS FORMEM UMA COMPOSIÇÃO VISUALMENTE COERENTE, ESTRUTURALMENTE TAL FATO NÃO OCORRE. NÃO SERIA POSSÍVEL UTILIZAR COLUNAS DE FUSTE TÃO ESTREITO E ALTO SE AS MESMAS TIVESSEM UMA FUNÇÃO ESTRUTURAL.

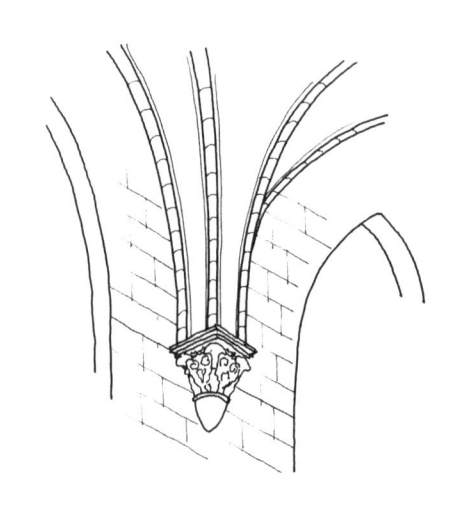

FIGURA 17 – O CAPITEL "FLUTUANTE" : MUITAS VEZES OCORRE NAS CONSTRUÇÕES GÓTICAS UM DETALHE NO QUAL AS NERVURAS E AS SUPERFÍCIES DAS ABÓBADAS SÃO SUSTENTADAS VISUALMENTE APENAS POR UM CAPITEL OU POR UMA COLUNA QUE APRESENTA SOMENTE UM CURTO TRECHO DE FUSTE. ESTE É ABRUPTAMENTE INTERROMPIDO, DEIXANDO-A SEM APOIO, COMO SE ESTIVESSE FLUTUANDO NA SUPERFÍCIE DA PAREDE.

existem, na tribuna e no trifório, outras colunas com função estrutural e proporção "corretas" entre a altura e o diâmetro do seu fuste. Apesar dessas "contradições" a aparência do todo é coerente e harmônica porque a forma materializa visualmente o conceito estrutural de distribuição das cargas. Mesmo ocorrendo uma incoerência na representação estrutural, não ocorre uma ambigüidade na apreensão visual do espaço.

A característica da desproporção entre a forma da coluna e a sua representação como um elemento sustentante já está presente no românico, mas é acentuada na arquitetura gótica. No Gótico tardio ocorrem, inclusive, nervuras de abóbadas cuja terminação ocorre no meio de um vão, sem nenhuma conexão com uma lógica estrutural e revelando o seu compromisso eminentemente ornamental. Este é o caso das abóbadas pendentes do Gótico tardio inglês, como aquelas do teto da capela de Henrique VII em Westminster, do início do século XVI. Ocorrem também nervuras que terminam em uma coluneta cujo fuste é interrompido bruscamente após o capitel, como se a coluna desaparecesse e o teto flutuasse sem sustentação. Esta visão contudo apresenta-se viciada por olhos que sabem que uma coluna é ou simula ser um elemento estrutural de sustentação. Para um leigo, não há nenhuma incoerência nos aspectos acima descritos, porque a forma apresenta-se visualmente completa e harmônica. A coerência é visual e compositiva e a coerência estrutural independe do aspecto visual, pois, sem ela, o edifício não poderia ser erguido. Percebe-se na arquitetura gótica um papel preponderante do ornamento nas composições. Ele se apresenta indissociável da forma das edificações e simultaneamente apresenta também um valor simbólico iconológico.

Renascimento: o ornamento como instrumento para a proporção

A arquitetura renascentista se insere no processo de renascimento da cultura clássica e de seus ideais. Ela baseia-se na observação e no levantamento dos edifícios romanos e nos tratados elaborados a partir dos mesmos. Esses tratados procuraram identificar regras de proporção e de composição, assim como estabelecer modelos para os edifícios e para sua ornamentação. Os tratados também incluíam indicações sobre processos construtivos, geometria e técnicas auxiliares de projetação como, por exemplo, a perspectiva. Serlio, um dos renomados tratadistas, dedica, dentre o conjunto de cinco livros que editou, o primeiro livro exclusivamente à geometria e o segundo, apenas à perspectiva, revelando-nos a importância destes temas para a arquitetura do período.

Pode-se dizer que a arquitetura do Renascimento é essencialmente uma arquitetura que nasce do exercício projetual, do exercício do desenho, e caracteriza-se pela redescoberta dos princípios compositivos do mundo clássico. A possibilidade que o desenho oferecia como um instrumento gráfico para a reprodução de imagens nas publicações, e o próprio exercício do desenho no ato de projetar vão apresentar uma tal força nesse período, que seu sentido bidimensional vai influenciar diretamente as pri-

FIGURA 18 – O SENTIDO BIDIMENSIONAL DAS PRIMEIRAS OBRAS DO RENASCIMENTO ITALIANO.

A – SACRISTIA DA IGREJA DO SANTO SPIRITO (SÉC. XV), FIRENZE, ITÁLIA. AS PILASTRAS E FRISOS APRESENTAM POUCO RELEVO EM RELAÇÃO AO PLANO DAS PAREDES, FATO QUE, ASSOCIADO AO CONTRASTE ENTRE A COLORAÇÃO DESTES ELEMENTOS E A SUPERFÍCIE PARIETAL PRODUZ UM ASPECTO BIDIMENSIONAL NA COMPOSIÇÃO.

B – DETALHE DA FACHADA DO OSPEDALE DEGLI INNOCENTI (SÉC. XV), FIRENZE, ITÁLIA.

C – PÁTIO INTERNO DO PALAZZO MEDICI-RICARDI (SÉC. XV), FIRENZE, ITÁLIA.

meiras obras da arquitetura do Renascimento. Pode-se afirmar que as composições de Brunelleschi, Michelozzo e Alberti são eminentemenete lineares se comparadas ao caráter "musculado" dos edifícios do Renascimento tardio.[9] Os edifícios renascentistas iniciais passam a ser a materialização de um desenho e, como tal, apresentam um caráter eminentemente gráfico: nas fachadas as colunas são pilastras sacadas poucos centímetros do plano da parede fazendo com que a linha e o contorno tenham papel de destaque na composição. "Vemos aqui uma outra diferença do século XV, que empregou preferentemente a pilastra. O século XVI preferiu geralmente a coluna adossada, mais plástica, que permite exprimir claramente o espaço e a massa (...)."¹⁰ Esse caráter, contudo, também apresenta um sentido de continuidade com as realizações românicas da escola italiana, que exploraram a linguagem gráfica nas fachadas. É no Renascimento, no entanto, que surge, fruto de todo esse processo, o sentido moderno do projeto de arquitetura, a primazia do desenho como ferramenta essencial e quase que exclusiva do ato de projetar e do projeto como uma antecipação completa e definitiva da construção de um edifício.

No Renascimento há uma revalorização da volumetria de base geométrica, mas grande parte de sua força vem da associação coesa dos volumes com os ornamentos, enquanto no Românico os volumes são relativamente autônomos. Nos edifícios renascentistas há um controle efetivo da com-

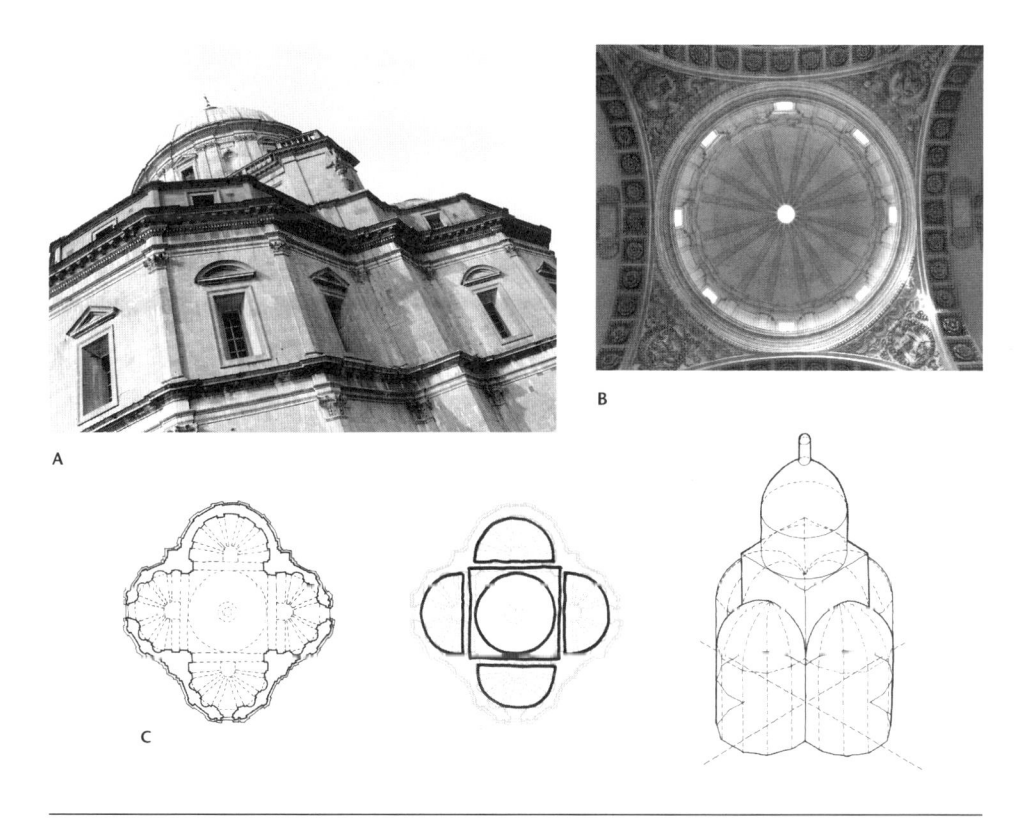

FIGURA 19 – A ASSOCIAÇÃO DOS VOLUMES NA PLANTA CENTRADA PRODUZ O EQUILÍBRIO NAS DIFERENTES DIREÇÕES DA COMPOSIÇÃO: IGREJA DE SANTA MARIA DELLA CONSOLAZIONE (1508-1617), TODI, ITÁLIA.

A – VISTA EXTERNA.

B – VISTA INTERNA DA CÚPULA.

C – ESQUEMA COMPOSITIVO DA PLANTA E DA VOLUMETRIA.

posição das superfícies, através da reutilização da linguagem clássica e da precisão no uso da modenatura e dos demais ornamentos. A geometria é utilizada não apenas para dar a forma básica dos volumes, mas também e essencialmente como um instrumento de controle para o estabelecimento de relações entre as diversas partes do edifício. Essas relações criam proporções, palavra que é a pedra de toque desta arquitetura. Enquanto no Românico a associação de volumes já indicava o sentido de verticalidade alcança-

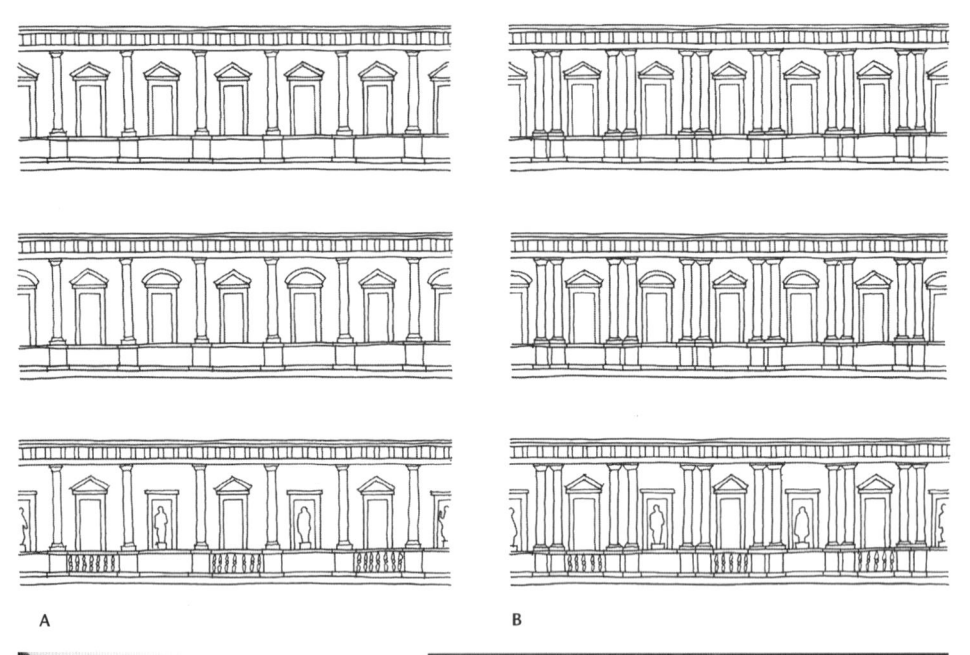

A

B

C

D

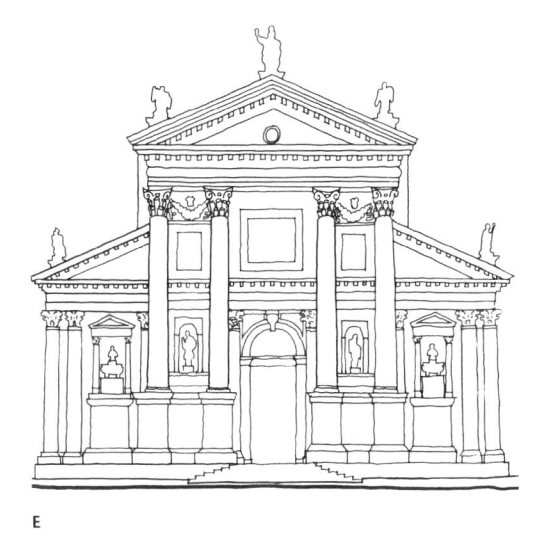

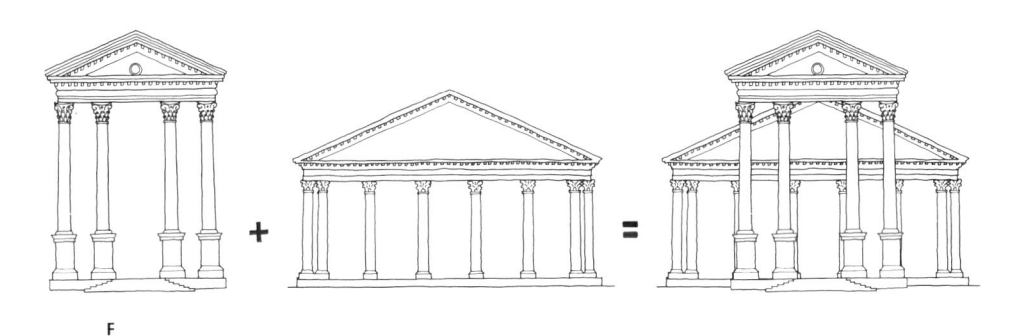

FIGURA 20 – A MODULAÇÃO E O RITMO NO RENASCIMENTO E A INTERSEÇÃO DE FACHADAS EM PALLADIO.

A – ESQUEMA DE UMA COMPOSIÇÃO RENASCENTISTA COM EMPREGO DA ORDEM DÓRICA E COLUNAS SIMPLES:
- REPETIÇÃO CONTÍNUA DOS ELEMENTOS
- ALTERNÂNCIA DE SOBREVERGAS CURVAS E RETAS NAS JANELAS
- ALTERNÂNCIA DE JANELAS COM BALCÕES E NICHOS

B – ESQUEMA DE UMA COMPOSIÇÃO RENASCENTISTA COM EMPREGO DA ORDEM DÓRICA E COLUNAS DUPLAS:
- REPETIÇÃO CONTÍNUA DOS ELEMENTOS
- ALTERNÂNCIA DE SOBREVERGAS CURVAS E RETAS NAS JANELAS
- ALTERNÂNCIA DE JANELAS COM BALCÕES E NICHOS

C – DIFERENTES RITMOS NAS ARCADAS DO PÁTIO DO ANTIGO PALAZZO ARCIVESCOVILE, HOJE MUSEO DI STORIA NATURALE, PERUGIA, ITÁLIA.

D – FACHADA DO PALAZZO DELLA PROVINCIA, ANTIGO PALAZZO DELLA SIGNORIA, CORTILE DEGLI SVIZZERI (1758) LUCCA, ITÁLIA.

E – FACHADA DA IGREJA DE SAN GIORGIO MAGGIORE (1565), VENEZA, ITÁLIA. ARQUITETO ANDREA PALLADIO.

F – O ESQUEMA DA COMPOSIÇÃO DA FACHADA DE SAN GIORGIO MAGGIORE PODE SER ENTENDIDO COMO A SUPERPOSIÇÃO DE DUAS FACHADAS DIFERENTES DE TEMPLOS GRECO-ROMANOS.

do em sua plenitude no gótico, no Renascimento a associação de volumes não apresenta uma direção dominante. É a procura do equilíbrio que guia essa arquitetura. Outra importante característica desse período é a centralidade. Grande parte dos edifícios, e especialmente os religiosos, perde o sentido longitudinal de suas naves e passa a apresentar uma planta centrada, resultante da visão humanista e antropocentrista que domina o período.

Há ainda, nos edifícios renascentistas, um outro aspecto de grande importância: a modulação. A contribuição do Renascimento nesse sentido foi criar variações e diferentes possibilidades expressivas para os módulos, utilizados sempre que se repetia um mesmo padrão, como no caso do espaçamento das colunas. Desde a Grécia e Roma, e mesmo nos interiores românicos e góticos, se repetiam padrões modulares, usualmente criados a partir do intervalo entre as colunas ou apoios. A contribuição do Renascimento para esse tema é a introdução de variações de módulos e padrões dentro de uma mesma composição, criando, assim, ritmos e andamentos diferenciados. Aparecem ainda a sobreposição de módulos ou de padrões de fachada. Não se trata aqui da superposição de ordens, umas acima das outras definindo diferentes pavimentos, mas sim da sobreposição de duas estruturas formais diferentes, como se colocássemos o desenho de uma fachada sobre outro desenho e associássemos os dois numa só composição.

Os procedimentos acima descritos dependiam essencialmente da utilização do ornamento. Os módulos eram criados a partir da formação de um conjunto de elementos, usualmente com a associação de aberturas com pilastras ou colunas. Estas, por sua vez, poderiam apenas ladear uma abertura, apresentarem-se associadas a outros elementos ou ainda se apresentarem de certo modo independentes. Aparecem, ainda, as pilastras duplas e esta característica evidencia que o espaçamento entre elas não é definido em função do vão estrutural, mas, sim, em função da necessidade da criação de expressão e ritmo na composição. As colunas e pilastras são utilizadas como elementos estruturais ou apenas como elementos de composição das superfícies. A variação no espaçamento das colunas e criação de módulos diferenciados numa mesma seqüência como mecanismo para produzir ritmo nas composições é uma das grandes novidades do Renascimento.

A

B

C

D

FIGURA 21 – AS COLUNAS DUPLAS.

A – PALAZZO UGUCCIONI, PIAZZA DELLA SIGNORIA, FIRENZE, ITÁLIA.

B – DETALHE DAS COLUNAS DUPLAS DO PARK CRESCENT NO REGENT'S PARK EM LONDRES, SÉC. XIX.

C – COLUNAS DUPLAS NA ESCADA DO PALAZZO BARBERINI, ROMA (1629-31), BORROMINI.

D – COLUNAS DUPLAS NO EDIFÍCIO SEDE DA FUNDAÇÃO OSWALDO CRUZ, RIO DE JANEIRO (1904-1918).

A linguagem clássica não só foi assimilada e recuperada nesse período, como também foi recodificada e complexificada. É interessante notar que ao mesmo tempo em que se criaram regras, padrões e sistemas de relações sem os quais nada era válido, simultaneamente adquiriu-se um domínio tão grande sobre a composição que houve a possibilidade de se criar novas soluções compositivas, quase que infinitamente, sem que estas invenções produzissem rupturas ou desvios da linguagem clássica. Tudo isso só foi possível com a compreensão que a ornamentação é parte integrante da composição arquitetônica e sua utilização está relacionada à necessidade de conferir harmonia, proporção e beleza às construções. Para tal, os ornamentos desempenharam um papel fundamental na definição de um sistema de relações entre as partes, que embora restritivo com o objetivo de permitir o domínio completo da técnica compositiva, era aberto a uma infinidade de soluções e à possibilidade da expressão de uma individualidade criativa. Tanto o foi que é, a partir do Renascimento, que os artistas e os arquitetos mais especificamente vão desfrutar da valorização da autoria artística da obra de arte. É a partir de então que o artista alcança um papel de destaque na sociedade e se inauguram os conceitos modernos de arte e técnica.

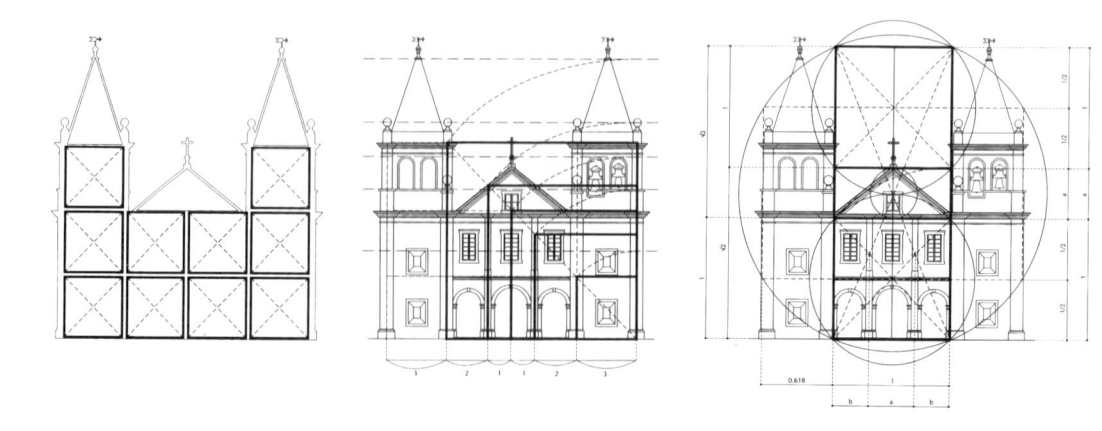

Figura 22 – Os traçados reguladores das fachadas: análise da composição da fachada da igreja de Nossa Senhora de Monserrat do Mosteiro de São Bento, Rio de Janeiro.

Maneirismo: o ornamento como expressão da crise

Quando a linguagem clássica da arquitetura alcançou o pleno domínio das suas possibilidades compositivas e expressivas era natural que surgissem subversões. Não só devido a um suposto esgotamento formal, mas também, e principalmente, porque a forma estável, completa e acabada do Renascimento já não correspondia ao momento de incerteza e dúvida pelo qual passava o homem ocidental. Nesse período, a ciência traz à luz a infinitude e o eterno movimento do universo, assim como as órbitas elípticas dos planetas ao redor do sol.[11] Segundo Carlos A. L. Brandão uma "(...) nova *arché* se estabelece. Nela, os valores a serem expressos pela arte são deslocados e surge um interesse pelo instável, pelo movimento, pelo desequilíbrio, pela fragmentação, pela aparente desordem, pelo estranho, pelo imponderável e inusitado. (...) não só as críticas à tradição clássica, mas também o desmesurado, o fantástico, o feio e o 'louco' passam a configurar novos centros de interesse nas manifestações artísticas do período".[12] Trata-se do Maneirismo, no qual os cânones da arquitetura clássica são intencionalmente questionados, mas sempre a partir do seu prévio e pleno domínio. Nesse aspecto está uma das ambigüidades características do Maneirismo, pois embora nele se questionem e até mesmo se ironizem as regras de composição do classicismo, ele se utiliza do grande conhecimento da linguagem e das formas clássicas para fazê-lo.

De certo modo, as "incoerências formais" de um Giulio Romano ou de um Michelangelo já estavam quase que implícitas na linguagem clássica, já que os seus elementos, quase sempre de base ornamental, já não correspondiam necessariamente às suas funções originais. É o caso dos tríglifos deslocados do Palazzo del Té ou das colunas em nichos da Biblioteca Laurenziana. Nesse sentido, se confirma a idéia da linguagem clássica como um sistema formal aberto, já que possibilita não só a criação de regras e cânones, como aqueles elaborados pelos tratadistas renascentistas, como também o oposto, ou seja, a negação ou a crítica a estes mesmos critérios.

Como o Maneirismo apresenta contraditoriamente uma continuidade no uso da linguagem clássica, as mesmas observações com relação ao papel do ornamento no Renascimento são válidas para este período, mesmo que, no Maneirismo, eles apresentem maior peso e volume. Os ornamentos continuam a ter destaque como elementos estruturadores da

FIGURA 23 – O MANEIRISMO EM GIULIO ROMANO E MICHELANGELO.

A – PALAZZO DEL TÈ, EM MANTOVA. GIULIO ROMANO DESLOCA OS TRÍGLIFOS DO ENTABLAMENTO COMO SE OS MESMOS ESTIVESSEM CAINDO, BEM NO MEIO DO VÃO ENTRE AS COLUNAS, CRIANDO UMA INCOERÊNCIA ENTRE A IMAGEM DO ELEMENTO E AQUILO QUE ELE REPRESENTA. OS NICHOS COROADOS POR FRONTÕES ABERTOS SIMULAM, POR SUA VEZ, JANELAS QUE NÃO EXISTEM.

B – BIBLIOTECA LAURENCIANA EM FLORENÇA (1525-34), ELEVAÇÃO DA PAREDE LATERAL. NESTA COMPOSIÇÃO MICHELANGELO CRIA NICHOS NÃO SÓ DO MODO TRADICIONAL (SIMULANDO VÃOS DE JANELA), MAS TAMBÉM CRIA NICHOS PARA AS COLUNAS. ESTAS, POR SUA VEZ, ESTARIAM SUSTENTADAS POR MÍSULAS, ENFATIZANDO ASSIM DUAS SITUAÇÕES ANTAGÔNICAS EM RELAÇÃO À FUNÇÃO ORIGINAL DO ELEMENTO COLUNA, QUE É A DE UM SUPORTE ESTRUTURAL.

C – A INCOERÊNCIA ENTRE A FORMA E AQUILO QUE ELA REPRESENTA NO CLAUSTRO DO CONVENTO DO CARMO (SÉC. XVII/XVIII) EM SALVADOR, BAHIA. AS PILASTRAS NO ÂNGULO DA CONSTRUÇÃO SÃO INTERROMPIDAS POR UM ÓCULO.

composição e são eles, ou a partir deles, que se materializam as críticas ao sistema estável do Renascimento e a crise por que passa o homem ocidental. Os ornamentos são, inclusive, os instrumentos dessa crítica, na medida em que funcionam como um dos principais mecanismos utilizados pelo arquiteto para expressar a nova visão do mundo na composição dos edifícios. Eles assumem um valor que se traduz pelo seu caráter escultórico, o que abre o caminho para a exuberância do barroco.

Barroco: o ornamento e a expressividade formal

O estilo barroco caracteriza-se pela expressividade no uso da linguagem clássica, pela incorporação do movimento e do claro-escuro nas composições, pelo ideal de criação de um espaço contínuo, por sua força expansiva e, ainda, pelo princípio da integração das artes. A arquitetura se integra à

Figura 24 – A associação do ornamento com a estrutura compositiva no Barroco e o valor escultórico dos elementos enfatizado por seu grande volume.

A – Palazzo Pitti, Florença. Detalhe do interior, séculos XVII/XVIII.

B – Lanternim do coroamento da cúpula da Igreja de Sant'Ivo alla Sapienza (1642-50), Roma – Borromini.

C – Curvas, contracurvas e torções na composição da Igreja de Sant'Andrea delle Fratte (1653), Roma – Borromini.

D – Curvas, contracurvas e torções na composição da Igreja de Sant'Andrea delle Fratte (1653), Roma – Borromini.

E – Detalhe da fachada da Igreja da Ordem Terceira de São Francisco (1701), Salvador, Bahia.

F – Fachada da Igreja da Ordem Terceira de São Francisco (1701), Salvador, Bahia.

FIGURA 25 – O ORNAMENTO MONUMENTAL NO BARROCO: COLUNAS GIGANTESCAS NA FACHADA DA BASÍLICA DE SÃO PEDRO DE ROMA (SÉC. XVII) – CARLO MADERNO.

escultura e à pintura de tal modo que não se reconhecem facilmente os limites entre estas três artes. Esta característica é tão significativa que, no Barroco, já não se pode dissociar a ornamentação da estrutura compositiva, reforçando, assim, o aspecto cenográfico e a noção de infinito presentes no espaço.

A criação e desenvolvimento do barroco estão associados à Contra-Reforma e, por conseqüência, à arte religiosa da igreja católica. Trata-se de uma arte da propaganda e sua missão era seduzir os fiéis e incorporar novos adeptos ao catolicismo, através da persuasão e do deslumbramento, do drama e da sensualidade. Trata-se de uma continuidade no uso da linguagem clássica, mas levando às últimas conseqüências os experimentos formais do Maneirismo e do Alto Renascimento no sentido da expressividade da forma e, especialmente, do ornamento arquitetônico. Pode-se dizer que o ornamento clássico renasce quase que bidimensional nos primeiros tempos do Renascimento e vai ganhando volume, expressão e autonomia formal até alcançar o seu apogeu no Barroco. Nesse estilo ele é escultural e monumental, assumindo quase que uma identidade própria. É utilizado para conferir ou enfatizar o movimento das composições e seu volume contribui para o claro-escuro, típico das obras desse período.

Para alcançar todas as características acima descritas, o ornamento é a peça essencial da composição arquitetônica. Sem ele seria impossível se obter toda a exuberância, riqueza formal e dinamismo do Barroco. O ornamento reforça o sentido de encurvamento ou de sinuosidade das superfícies através da sua torção e do seu relevo acentuado. No edifício barroco, tem-se a sensação de que todos os elementos da composição passam a apresentar um caráter escultórico.

O Barroco é uma arte cenográfica no sentido do espaço e teatral no sentido do efeito. O ornamento assume uma importância tão grande nesta arquitetura que, em alguns casos, ele é o elemento estruturador do espaço. É o caso do barroco luso-brasileiro e especificamente dos interiores das igrejas. Embora muitas vezes pouco expressivo nas fachadas e exteriores, apresenta-se exuberante nos interiores dourados e revestidos de talha. Ocorre nestas obras uma inversão de valores: os responsáveis pela formação do espaço interno não são a arquitetura (no sentido da construção), ou o

FIGURA 26 – A CURVA, A CONTRACURVA E A TORÇÃO NO BARROCO.

A – IGREJA DE SAN CARLO ALLE QUATTRO FONTANE (1667), ROMA – BORROMINI.

B – IGREJA DE SANT'IVO ALLA SAPIENZA (1642-50), ROMA – BORROMINI.

C – TRECHO DA FACHADA DO COLLEGIO DI PROPAGANDA FIDE (1646-67), ROMA – BORROMINI.

D – ESCADA HELICOIDAL DO PALAZZO BARBERINI (1629-31), ROMA – BORROMINI.

projeto arquitetônico, nem o arquiteto ou projetista do edifício. A autonomia do ornamento é tão grande que é ele que conforma o espaço, sendo definido pelo projeto de um ou de vários escultores ou entalhadores. Trata-se do sistema específico de ambientação da talha barroca, ou seja, dos elementos ornamentais esculpidos em madeira utilizados nos interiores.

Nos interiores das igrejas coloniais brasileiras o ornamento não é acessório, mas sim formalmente estrutural, como bem demonstra Sandra Alvim.[13] Ele é essencial para a definição espacial e, em muitos casos, mesmo para a definição de fachadas e volumes, fazendo parte indissociável da composição final, embora, muitas vezes, não integrasse sua composição inicial. Pode-se verificar que a volumetria interna inicial dos templos resulta, na grande maioria dos exemplos, de um projeto arquitetônico singelo e de uma técnica construtiva elementar. A reelaboração do espaço interno, a partir do revestimento em madeira das superfícies e da aplicação da talha sobre as mesmas, produz efeitos espaciais que a simplificada volumetria interna da construção por si só não permitiria. Assim, todas as principais características arquitetônicas espaciais são obtidas graças ao revestimento de madeira das superfícies e à sua decoração pela talha.

FIGURA 27 – O ESPAÇO SEM E COM ORNAMENTOS: A IGREJA COLONIAL BRASILEIRA.

A – INTERIOR DA IGREJA DE SÃO FRANCISCO DE PAULA, SÉC. XVIII/XIX, RIO DE JANEIRO.

B – SIMULAÇÃO DE COMO SERIA O INTERIOR DA IGREJA ANTES DE RECEBER A DECORAÇÃO EM TALHA. AS PAREDES ERAM DE ALVENARIA E, POSTERIORMENTE REVESTIDAS POR TÁBUAS QUE SERVIAM DE SUPORTE PARA TODO UM CENÁRIO ESCULPIDO EM MADEIRA. ESTA TÉCNICA POSSIBILITOU A UMA ARQUITETURA DE VOLUMETRIA INTERNA MUITO SIMPLES ADQUIRIR RIQUEZA E COMPLEXIDADE ESPACIAL.

O Rococó, estilo que sucede o Barroco, apresenta pouca expressividade arquitetônica no sentido da construção. É essencialmente uma arte aplicada à decoração de interiores e ao mobiliário. Contudo, pelo seu valor artístico e por poder ser interpretado como uma suavização e diluição das fortes, expressivas e dinâmicas formas do Barroco, com seu dinamismo gracioso e leve, tecemos alguns comentários sobre o papel do ornamento nas composições deste período. Nos interiores rococós é usual a substituição dos elementos arquitetônicos clássicos, como pilastras, colunas e entablamentos, por painéis emoldurados com delicados perfis, nos quais se aplicam elementos decorativos isolados denominados rocalhas: ornatos de forma ondulante, irregular e assimétrica, inspirados, em sua maioria, em conchas estilizadas. Esses elementos não simulam nem pretendem simular qualquer referência a elementos construtivos, são essencialmente decorativos. Como bem descreve Sandra Alvim, os ornatos rococós apresentam isoladamente um grande dinamismo, que é ampliado, por sua vez, pela associação virtual que a força do seu desenho imprime ao conjunto de ornatos da superfície. O ornamento rococó consegue, assim, gerar um aspecto dinâmico no espaço, mesmo quando este é formado por uma rígida volumetria. De pouco relevo e perfil delicado, os ornatos rococós são a prova da capacidade dos ornamentos de atuarem de forma expressiva nas composições arquitetônicas, mesmo quando não fazem parte de um vocabulário associado às características da construção. Desse modo, e mais

FIGURA 28 – O ORNAMENTO ROCOCÓ E A VIRTUALIDADE: OS EDIFÍCIOS DA PIAZZA DI SANT'IGNAZIO (1728), ROMA – FILIPPO RAGUZZINI.

uma vez citando Sandra Alvim, o ornamento apresenta-se como uma forma de intervenção e modificação do espaço construído, capaz de alterá-lo qualitativamente.[14]

Neoclassicismo: o ornamento e a busca da verdade

A arquitetura neoclássica caracteriza-se pelo desejo do resgate das formas greco-romanas puras e dos seus respectivos cânones e regras compositivas que foram subvertidos pelo Maneirismo e pelo Barroco, apesar da continuidade no uso da linguagem clássica. Segundo Gustavo Rocha Peixoto trata-se "(...) de um classicismo rigoroso associado à ideologia da ilustração (...)" "(...) que responde a um apelo moral pela sobriedade decorativa (...)".[15] Contribuiu para essa ideologia a descoberta de ruínas romanas em Herculano e Pompéia, como também o trabalho de Le Roy e de Stuart e Revett, que levou ao conhecimento dos europeus, pela primeira vez, as características diferenciadas da arquitetura grega em relação à romana. Nesse período, procurava-se muito mais que o resgate do passado, o objetivo era alcançar a essência da arquitetura clássica, assim como a verdade e a racionalidade da construção.

As formas neoclássicas aproximam-se da simplicidade volumétrica e estão fortemente associadas à presença de colunatas. São esses os dois valores supremos da arquitetura do período e a ornamentação volta a apresentar apenas um caráter de complementação da forma final dos edifícios, exceto no caso das colunas e seus capitéis. Como a arquitetura neoclássica trabalha com o conceito de "verdade", as colunas e pilastras serão utilizadas somente em situações que justifiquem o seu emprego: seja quando se apresentam como elemento estrutural autônomo, seja quando estão localizadas de tal modo que o seu papel como representação de um elemento estrutural se justifique. Não se encontram com facilidade, nesta arquitetura, colunas sem relação direta com sua origem formal. O mesmo ocorre com os ornamentos que não apresentam um caráter arquitetônico. Eles serão utilizados apenas quando suas características formais e sua localização na composição forem as mesmas que apresentavam nos edifícios do passado, pois, segundo se acreditava, cada parte do edifício clássico teria um porquê, poderia ser explicada racionalmente. Assim, qualquer

O ORNAMENTO NA HISTÓRIA DA ARQUITETURA NO OCIDENTE | 65

A

B

FIGURA 29 – O DESPOJAMENTO DO EDIFÍCIO NEOCLÁSSICO.

A – IGREJA DA MADELEINE, PARIS, COMPLETADA EM 1842.

B – IGREJA DA MADELEINE, DETALHE DA COLUNATA, PARIS, COMPLETADA EM 1842.

C – ALTES MUSEUM, BERLIM, 1824-28, SCHINKEL.

C

desvio ou invenção pura seria considerado anômalo, não verdadeiro e, por isso, moralmente repreensível.

Existe, nesse período, a necessidade de justificar a origem natural e racional da forma clássica e toda a arquitetura é conduzida a partir deste pressuposto. O uso do ornamento é submetido, portanto, a uma severa restrição em reação ao seu emprego indiscriminado e fantasioso no Barroco, considerado como uma degeneração da pureza clássica. Apesar da utilização restrita e controlada do ornamento, seu emprego era essencial para se fazer a alusão ao passado, para ambientar histórica e arqueologicamente o edifício e resgatar, assim, o que era considerado como as "qualidades morais e a grandeza da civilização greco-romana". Portanto, mesmo com as restrições impostas, o ornamento apresenta um importante papel de caráter simbólico.

Ecletismo: o ornamento como expressão da fantasia

O Ecletismo é um termo que abriga sob sua denominação diferentes correntes e manifestações. Insere-se nesse contexto o movimento romântico e as primeiras manifestações de revivalismo não clássico, como também a mistura de diferentes estilos ou referências formais históricas numa mesma composição. Talvez seja um dos estilos ou correntes estilísticas na qual o ornamento arquitetônico teve a sua maior expressão, dentre todos os estilos da história da arquitetura no Ocidente.

A corrente eclética do revivalismo medieval está impregnada de conotações nacionalistas e de um forte apelo à natureza, dentro do espírito do Romantismo. O Gótico é entendido como a própria expressão da natureza e, por isso, da verdade. Segundo alguns autores, a igreja gótica seria a transposição arquitetônica da floresta[16] e nesta fantasia se expressa o Ecletismo. No caso do revivalismo gótico o ornamento assume um valor simbólico que exige a fidelidade às formas originais do passado. Nesse sentido, o revivalismo clássico denominado neoclássico, também poderia ser inserido no período eclético. Há, nesta época, uma espécie de rivalidade entre o Gótico e o Clássico, mas um mesmo arquiteto podia fazer simultaneamente obras destes dois estilos. Isto porque surge, nessa época, a idéia de que cada edifício deve comunicar, na sua forma externa, a função que ele abriga: trata-se da chamada *architettura parlante*. Assim, o melhor estilo para uma igreja seria o Gótico, associado à forte religiosidade medieval. Já o Clássico abrigaria com mais adequação um edifício institucional, como um palácio de justiça, inspirado no poder de organização do Estado no Império Romano, quando surgiu, inclusive, a base para todo o direito regulador da vida em sociedade.

Inserido no ideário romântico surge ainda o pitoresco, inspirado nas pinturas de paisagem com ruínas da Antigüidade. O termo significa, na verdade, pictórico e traz para a arquitetura a novidade do tema dos pavilhões de jardim e mesmo da construção de ruínas artificiais. Nesse sentido, o Ecletismo é essencialmente arqueológico e nele se reflete o interesse no levantamento das ruínas recém-descobertas, como também, nos livros de viajantes que reproduziam arquiteturas de diferentes lugares do mundo como China e Índia. Esta característica se acentua, mais tarde, com o aparecimento da fotografia, que vai permitir não só o maior acesso às imagens dos edifícios do passado e de culturas diversas, como também a maior facilidade na sua reprodução e divulgação. É o caso dos cartões-postais que correram o mundo e foram uma moda no *fin-de-siècle*, período denominado *belle-époque*.

Na arquitetura eclética propriamente dita, aquela que mistura formas de diferentes períodos, o importante é a imitação, mas não a fidelidade e sim a fantasia e a recriação. À primeira vista isto pode parecer uma falta de compromisso com a verdade formal e histórica, mas o compromisso nesse caso é com o ato de representar e de evocar, de atender à demanda burguesa por quantidade e acumulação como instrumento de afirmação social, de retratar a expressão da individualidade do proprietário por meio do inédito e do exótico e, simultaneamente, de usar referências do passado como forma de criar símbolos de tradição para uma classe em ascensão social e ainda desenraizada culturalmente.

O estilo passa a ser uma questão de escolha e este fato se associa fortemente ao nascimento e desenvolvimento da burguesia, da industrialização e da criação de um mercado de consumo. A partir do desenvolvimento industrial, o ornamento pode ser fabricado em série e adquirido em catálogo, tanto para os objetos de consumo doméstico, quanto para a construção civil. Tal fato permitiu não só a possibilidade de escolha do

FIGURA 30 – O AUGE DO ECLETISMO: O EXÓTICO NO EDIFÍCIO PRINCIPAL DA FUNDAÇÃO OSWALDO CRUZ (1904-1918) EM MANGUINHOS, RIO DE JANEIRO:

A – DETALHE DA TORRE.

B – DETALHE DO REVESTIMENTO DA VARANDA.

estilo mais adequado para um edifício, mas, também, promoveu a possibilidade de se colocar lado a lado ornamentos de distintas origens. Aparece ainda, no Ecletismo, o sentido do exótico e do inusitado, alcançado muitas vezes a partir da inserção de orientalismos. É o chamado período dos "ismos": classicismo, orientalismo, medievalismo. Nesse processo a escola de *Beaux-arts* de Paris teve papel de destaque e, por isso, acabou virando sinônimo da arquitetura da época.

O gosto pela acumulação se associa também ao ideário romântico, que, com a literatura, estimulou o público a viajar por épocas e lugares exóticos do passado, e ainda a melhorias nos meios de divulgação dos estudos históricos. É nesse contexto de diversidade, acumulação e evocação que a arquitetura é entendida e apreciada. Com a disponibilidade de um enorme repertório de formas arquitetônicas, a atividade artística do período vem ao encontro da idéia da quantidade e da exuberância como símbolos de riqueza.

Qualquer que seja o estilo escolhido, o ornamento apresenta-se como um elemento fundamental para evocar, caracterizar e fazer alusão a um período histórico específico, apresentando por isso um caráter simbólico. Ele é a peça-chave para alcançar o sucesso dessa empreitada, concentrando todo o esforço de expressividade formal e de caracterização do edifício. Esse, por sua vez, assume, especialmente na arquitetura *Beaux-arts*, uma complexidade volumétrica cada vez maior, incapaz de ser traduzida em volumes geométricos simples. Essa complexidade evita, nos melhores exemplos, que o ornamento seja apenas acessório caracterizando-o como parte integrante da composição, seja no sentido formal, seja no sentido simbólico. No afã de alcançar esses objetivos e o seu caráter de elemento de comunicação e propaganda, o ornamento assume, como conseqüência, uma exuberância considerada muitas vezes excessiva, mas essencial para conformá-lo como a alma do ecletismo.

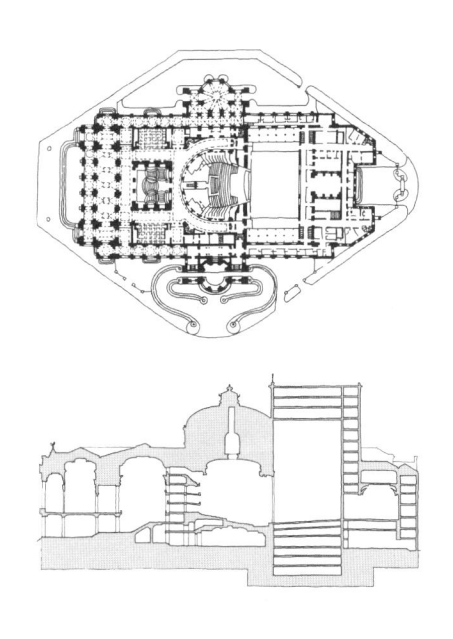

Figura 31 – A complexidade volumétrica dos projetos Beaux-Arts na planta e corte longitudinal da Ópera de Paris (1857-74), Charles Garnier. No corte percebe-se a sucessão de volumes internos diferenciados na composição.

Pré-modernismo:[17] a Escola de Chicago, o Art-nouveau e o Art-déco

O termo pré-modernismo é usado para designar diversas correntes e tendências simultâneas à última fase do Ecletismo ou imediatamente posteriores a ele mas que ainda não podem ser definidas como modernas nem chegaram a caracterizar um período de longa duração. Seriam estilos de transição, ou nem mesmo chegariam a formar um estilo, ou ainda se enquadrariam, em alguns aspectos, no Ecletismo. Pode-se citar entre outros a Escola de Chicago, o Art-nouveau e o Art-déco.

FIGURA 32 – O ARRANHA-CÉU DECORADO: EDIFÍCIOS EM NOVA YORK.

Na Escola de Chicago se inaugurou a hegemonia dos edifícios em altura. Novas técnicas construtivas e equipamentos foram desenvolvidos, o que possibilitou a construção dos chamados arranha-céus, tipologia de edifício essencialmente moderna. Nessa época, ainda se aplicava ornamentos à estrutura da edificação, mas já havia um sentido de distinção funcional do mesmo. Assim, os ornamentos eram mais expressivos no

FIGURA 33 – O Art-nouveau: Portão de acesso do edifício Castel Béranger (1890), Paris – Hector Guimard.

pavimento térreo, onde poderiam ser visualizados. Nos andares intermediários eram reduzidos e específicos para o local no qual eram aplicados. No coroamento, apresentavam-se em tamanho agigantado devido à distância do observador. Eles não eram, assim, rejeitados e sua utilização visava o embelezamento e a suavização da forma ainda agressiva do arranha-céu para os olhos acostumados à cidade tradicional.

O Art-nouveau foi um estilo essencialmente ornamentalista, uma moda avassaladora e relativamente pouco duradoura associada especialmente aos objetos utilitários. Nas edificações não havia uma forma propriamente Art-nouveau, mas a adaptação do edifício às características essenciais do estilo: a linha sinuosa e lânguida e a ornamentação orgânica inspirada na flora. O ecletismo tardio, como aquele das residências burguesas das primeiras décadas do século XX no Brasil, muitas vezes utilizou o Art-nouveau como mais uma possibilidade de escolha de formas diferenciadas para compor uma verdadeira colcha de retalhos. Pode-se dizer que na arquitetura Art-nouveau o ornamento também é a alma da composição, pois não há possibilidade de um edifício ser Art-nouveau se não apresentar ornamentos. O Art-nouveau é uma fantasia ornamental e por isso pode produzir excessos, sendo difícil o controle da composição. Nele não há regras específicas, não há referências diretas ao passado, apenas criatividade e invenção. Sob esse aspecto, pela busca de novas formas para representar a imagem do seu tempo, ele poderia ser considerado um estilo pré-moderno.

O Art-déco surge já nos anos 20 do século passado e também faz parte da busca de um vocabulário ornamental autônomo que expressasse o espírito da época e evitasse as formas do passado. Ele, como também o Art-

A

B

C

D

E

F

FIGURA 34 – O ART-DÉCO.

A – EDIFÍCIO CHRYSLER (1928-30), NOVA YORK.

B – EDIFÍCIO CHRYSLER, DETALHE DO COROAMENTO.

C – EDIFÍCIO EMPIRE STATE (1931), NOVA YORK.

D – EDIFÍCIO EMPIRE STATE, DETALHE.

E – EDIFÍCIO EMPIRE STATE, COROAMENTO.

F – O ORNAMENTO GEOMÉTRICO ART-DÉCO EM EDIFÍCIO DE NOVA YORK.

nouveau, foi considerado um estilo moderno na época na qual surgiu. A necessidade de um estilo moderno mostra-se evidente desde finais do século XIX, resultado do desgaste e da relativa decadência na qual se encontrava o processo sistemático de se criar a partir do passado. No Art-déco se verifica, mais uma vez, que a necessidade de uma purificação formal está associada ao retorno à simplicidade da geometria elementar.

Em fins do século XIX e início do XX todas as inovações da vida moderna já haviam sido implantadas, como as estações de trem, as fábricas, os grandes galpões para as exposições universais e os grandes magazines, entre outros. Por sua vez, a técnica construtiva e os novos equipamentos já tornavam possível vencer grandes vãos, trazer luz natural abundante para os interiores através de grandes estruturas envidraçadas verticais ou zenitais, construir arranha-céus e grandes pontes ferroviárias. Enfim, várias características do mundo moderno, incluindo aí a evolução dos meios de transporte e as facilidades que permitiam o consumo em massa e as grandes aglomerações urbanas, já eram realidade mas não havia surgido ainda uma expressão formal que materializasse todas essas transformações. O Art-déco surge como uma novidade e caracteriza-se por ser um estilo de transição, que já incorporava uma série de concepções e inspirações modernistas. Entre elas estava o domínio técnico da estrutura em concreto armado com a construção de grandes estruturas em balanço, como também em inspirações relativamente abstratas como a arquitetura dos navios, especialmente dos transatlânticos. Óculos ou aberturas circulares que nos remetiam à forma das escotilhas e os gradis de linhas horizontais em tubos de aço de seção circular eram comuns nas edificações. Esta mesma fonte de inspiração será utilizada e citada explicitamente por Le Corbusier, um dos mestres fundadores do modernismo.

No Art-déco, contudo, embora todo o edifício apresentasse um caráter ornamental na sua composição, a ornamentação pode ser percebida, muitas vezes, como uma aplicação. De certo modo a forma do edifício é mais forte que o ornamento e, em alguns casos, pode prescindir do mesmo, mantendo contudo sua expressividade. É o início de um caminho que levará à ausência ornamental radical. Esse assunto, no entanto, será objeto de uma parte específica desse estudo.

O ORNAMENTO E O PROCESSO DE SUCESSÃO DOS ESTILOS

Numa visão esquemática, percebe-se que estilos mais puristas do ponto de vista ornamental e com maior ênfase na volumetria sucedem estilos mais propensos à ornamentação e vice-versa. Assim, o relativo purismo românico é sucedido pelo decorativismo gótico; a este segue-se a geometria básica renascentista, substituída pela exuberância ornamental barroca. Em reação a ela surge o ascetismo neoclássico, sucedido, por sua vez, pelo ornamentalismo fantasioso do Ecletismo, cuja reação se dá na proporção oposta: a negação e a supressão do ornamento no Modernismo. Este é criticado como frio e excessivamente racionalista pelo Pós-modernismo de cunho historicista, que reintroduz o papel simbólico do ornamento. Esquecido e caduco o Pós-modernismo, nasce uma corrente ascética de um purismo absoluto denominada Supermodernismo[18]. A direção agora não é mais contra o ornamento arquitetônico necessaria-

FIGURA 35 – A COLUNA COMO ELEMENTO ARQUETÍPICO.

A – EDIFÍCIO EM NOVA YORK: VALORIZAÇÃO DA COLUNA COM A LOCAÇÃO DO ACESSO NA ESQUINA – DETALHE.

B – EDIFÍCIO RESIDENCIAL EM BERLIM (1980-87), ALDO ROSSI.

mente mas, aparentemente, volta-se contra o excesso de informação visual ao qual se é submetido no ambiente em que se vive nos dias atuais. Outro aspecto dessa corrente é a possibilidade da aplicação de alta tecnologia nos elementos e materiais de construção, estabelecendo uma espécie de expressionismo tecnológico radical.

O processo de sucessão dos estilos e a alternância dos diferentes graus de ornamentação destes, nos remetem à suposição da existência de uma tendência natural à ornamentação. Ela seria inicialmente controlada por princípios compositivos mais rígidos. Esses, contudo, iriam perdendo aos poucos sua força enquanto o ornamento iria ganhando autonomia e maior participação na composição. Ultrapassado o ponto de equilíbrio no uso da ornamentação, se iniciaria um processo no qual podem ocorrer excessos e a perda de controle no seu emprego, ou mesmo o desgaste e o cansaço visual. A partir de então, seria necessária uma mudança de conduta no sentido da purificação, que pode estar associada ocasionalmente a um radicalismo, resultante da necessidade natural de renovação da forma que ocorre simultaneamente às mudanças no contexto cultural. O fato principal de todo esse processo, entretanto, é a hipótese de uma tendência natural à aplicação e utilização de ornamentos na composição arquitetônica. Esta tendência teria conferido um sentido arquetípico aos ornamentos arquitetônicos em geral e também a alguns ornatos específicos, como no caso das colunas.

CAPÍTULO III

O ORNAMENTO E
A ARQUITETURA MODERNA

A arquitetura moderna surge como uma resposta formal radical aos "novos tempos", e em contraposição ao Ecletismo tardio, já exaurido desde fins do século XIX. Esse radicalismo talvez tenha surgido na razão inversamente proporcional à forte presença do ornamento na arquitetura fantasiosa e historicista do Ecletismo. Após a Revolução Industrial houve, cada vez mais, uma sucessão de novas invenções e aperfeiçoamentos de equipamentos e máquinas, num ritmo crescente e ininterrupto. Nesse contexto a palavra novidade era uma das que melhor se inseria. Assim, à fotografia sucede o cinema mudo, a este sucede o cinema falado, ao motor a vapor sucede o motor a explosão, ao disco sucede o rádio. A eletricidade, por sua vez, vai permitir a introdução de diversos equipamentos de um modo também sucessivo e ininterrupto nas casas e nas construções em geral. O mercado de consumo assume assim uma dimensão cada vez maior, transformando-se num mercado de massas. O período moderno pode ser identificado, exatamente, por essa característica. Trata-se do mundo do consumo de massa, do transporte de massa, da informação em massa.

Num primeiro momento o Ecletismo respondeu adequadamente a esse processo, entre outros fatores, porque permitia a escolha, característica essencial do consumo. Assim como se escolhia uma roupa na vitrine, ou a novidade que se queria levar para casa, podia se escolher também o estilo não só da casa mas de cada um dos seus ambientes. Era possível ainda misturar os estilos, porque era livre a escolha do ornamento a ser utilizado na composição arquitetônica. Havia também a facilidade de acesso a todo um repertório de possibilidades formais, desde o exótico Oriente até as antigas civilizações, através das reproduções pelas gravuras e, mais tarde, pela fotografia. O ornamento deixa, a partir de então, de ser fruto do trabalho artesanal e passa a ser um produto pronto para o consumo, o qual se escolhe por catálogo. O Ecletismo respondia adequadamente também à imagem que uma burguesia em ascensão social procurava como sinônimo de tradição e de um passado nobre que não possuía. Era ainda o estilo adequado para ilustrar dois importantes aspectos: a individualidade e a riqueza. Todo esse processo caracterizava-se assim pela aparência e, por conseqüência, pela imitação. Era o estilo das imitações, não só do passado, como também da riqueza dos materiais: eram comuns, por exemplo, as pinturas parietais que imitavam o mármore e a madeira. O termo imitação, utilizado nesse contexto, não tinha a conotação de falso, como hoje nos ocorre, mas sim o sentido de evocar qualidades admiradas numa obra do passado, seja por suas características estéticas, seja por suas associações a princípios morais.

Dentro desse contexto, o Modernismo surge como uma nova resposta formal. Nela a palavra-chave foi o antiornamentalismo. Após vinte e cinco séculos de uso ininterrupto do ornamento, pela primeira vez havia um sentido radicalmente antiornamental na história da arquitetura do mundo ocidental. Em contrapartida, mais uma vez voltava-se a um purismo geométrico como ocorreu no Românico, no Renascimento e no Neoclassicismo; só que dessa vez, sob bases radicais. Para firmar o seu ideário, o Modernismo precisou não apenas satanizar o ornamento, mas também endeusar alguns princípios básicos: o *Zeitgeist*, a funcionalidade e a verdade estrutural e dos materiais. Para justificar esses novos conceitos utilizou-se todo o tipo de discurso, especialmente aquele de cunho moral. É nesse fato que se concentra a falácia de suas teorias. É certo que seria necessário uma dose de radicalismo na implantação de novas idéias, mas criou-se um discurso torto, gerando inclusive significados restritivos e incorretos para termos como racionalismo, função e *Zeitgeist*. Até hoje, aceitamos subliminarmente esse discurso e, por isso, o primeiro passo para tentar analisar o ornamento dentro da modernidade, seria tentar deixar de lado todo o preconceito e todo o direcionamento que o pensamento moderno nos incutiu. Para tal, propõe-se um exercício didático, que evidencia o quanto foi simplista e reducionista o discurso modernista. Primeiro, apresenta-se um texto, baseado nas afirmações usuais dos manifestos e da bibliografia modernista, nos quais se justifica a necessidade de abandonar as formas ornamentais do Ecletismo. Em seguida, elabora-se um outro texto que seria uma possibilidade de defesa dos princípios compositivos acadêmicos do Ecletismo, em relação a cada aspecto atacado pelo Modernismo. Esse último texto não se baseia em uma bibliografia específica, sendo apenas uma tentativa, um exercício para demonstrar que justificativas externas à arte ou à arquitetura não são instrumentos adequados para validar ou consolidar uma corrente estética.

Um manifesto tardio do Modernismo

O estigma do falso e das aparências, presente na arquitetura eclética, foi incorporado de tal modo no ato de projetar, que mesmo as possibilidades técnicas já alcançadas nas construções não eram valorizadas nos projetos. Os grandes espaços cobertos e iluminados das estações de trem e galpões eram escondidos por fachadas ou edificações historicistas e plenas de ornamentação. Era comum, inclusive, edifícios com fachadas frontais decoradas e fachadas posteriores puristas e quase modernas. Não havia uma correspondência, portanto, entre o nível tecnológico alcançado e as formas arquitetônicas. Elas não seguiam o *Zeitgeist*. Era natural que essa problemática fosse detectada pelas figuras eminentes e que houvesse uma reação radical a todo um sistema artístico moralmente condenável. Era necessário eliminar as aparências e o falso, e assumir as possibilidades técnicas existentes, os novos materiais e conceitos estruturais, o valor dos materiais e das formas puras. Era necessário buscar a essência das formas que, com certeza, estava na função à qual estavam associadas. Era preciso uma cruzada contra o passado e todas as suas formas de manifestação; era preciso limpar a arquitetura de todo o excesso, de toda a decadência e de todo o lixo moral. Era preciso estar distanciado do que havia sido contaminado pelo ornamento e pelo passado e estar imageticamente associado ao que existia de novo e impoluto: as máquinas. Elas são a verdade materializada em forma, são funcionais, tudo nelas é explicado a partir do seu funcionamento. A verdade é o bem supremo, o ornamento é um crime. Devia-se optar pelas novas formas ou aceitar a revolução para varrer os vícios do passado: "Arquitetura ou revolução. Podemos evitar a revolução."[1] Não havia outra opção que não fosse o compromisso com o novo, o passado imediato é sinônimo de decadência, não há qualidades nessa arquitetura condenável por todos os motivos acima expostos.

EM DEFESA DO ECLETISMO

Era natural, e o bom senso mandava, que a imagem das cidades fosse preservada em questão de escala e valorização do espaço urbano. Havia uma necessidade de compor, tudo era uma questão de se alcançar a composição adequada, aquela que conferisse harmonia e qualidade ao edifício e ao espaço urbano. Era preciso ainda preservar o valor simbólico das edificações e as suas referências culturais e artísticas. Assim, não havia porque deixar aparecer na estrutura urbana, uma construção de escala, material e proporções não compatíveis com a cidade existente. Havia, por sua vez, que se respeitar os aspectos funcionais que os novos equipamentos demandavam, assim como utilizar a boa técnica e as novas possibilidades construtivas que estavam sendo disponibilizadas. Portanto, no projeto das estações de trem e dos grandes armazéns utilizava-se a estrutura metálica, que permitia fazer estruturas leves, com grandes vãos, bem ventiladas, com economia e rapidez. Por outro lado, na parte tradicional, voltada para a cidade, devia-se manter o edifício público com suas proporções e materiais adequados ao homem e ao meio urbano. Havia, por um lado, o espaço modelado pelas necessidades da máquina, pelos fluxos dos sistemas de acesso e saída, e caracterizado como um local de passagem e, por outro lado, o espaço modelado em função das necessidades do homem e da cidade, local de permanência e fruição. Nesse sentido, não havia ambigüidade, mas sim adequação. Alguns edifícios respeitavam também os princípios funcionais vigentes que levavam em conta não só as necessidades "mecânicas da função",[2] mas também as necessidades do belo, da proporção, da harmonia e da representação. Por isso, apresentavam a fachada voltada para a rua com um tratamento ornamental respeitando a necessidade de conferir beleza ao espaço público e de manter uma função simbólica para o edifício, enquanto a fachada voltada para o miolo da quadra apresentava-se austera, com economia de meios, mas corretamente construída. Tudo era uma questão de adequação e até mesmo de racionalidade.

Havia edifícios de grande qualidade, até hoje admirados, como havia também aqueles sem grande valor ou até mesmo os incoerentes e inadequados do ponto de vista formal, como se observa também nos dias de hoje. Todos eles, contudo, estavam fortemente associados ao *Zeitgeist* na medida em que correspondiam a todo o processo de ascensão da burguesia, primeiro passo para a formação da moderna sociedade de massa. Associavam-se também ao crescente mercado de consumo e à expressiva industrialização já existente. Não havia o conceito do falso, mas sim o do simbólico. Cada elemento tinha um sentido de representação e desempenhava um papel no contexto no qual se inseria, fato comum e natural do convívio social. Era preciso respeitar o passado e aprender com ele. Nele estavam a essência e a verdade do homem, nele estavam suas raízes e os seus valores básicos. A exuberância ornamental era um signo de riqueza e esta era fruto do trabalho e do progresso e por isso não devia ser condenável, deveria servir de exemplo.

As máquinas foram feitas para servir ao homem e não para servir de modelo para suas realizações como o fez o Modernismo. As realizações humanas na área artística deveriam se espelhar nos grandes modelos do passado, na excelência que poucos conseguiram ultrapassar. O novo é funcional: a máquina e o equipamento. O novo não precisa ser formal. A forma é arte e beleza, deve estar associada à natureza e ao que, por séculos, se considerou como belo. A moral e a verdade são virtudes do homem, não dos edifícios. As virtudes dos edifícios são a beleza, a harmonia e a proporção.

Separando o joio do trigo

Percebe-se, a partir dos dois textos anteriores, que justificativas estéreis e termos como verdade, função e racionalidade podem ser utilizados tanto para o ataque quanto para a defesa de princípios estéticos. É preciso, pois, entender que o Ecletismo não era o "reino do mal e dos vícios", como também o Modernismo não era o "bem e a verdade supremos". Ambos materializavam um esquema de pensamento e respondiam esteticamente ao ideário de uma época. Ambas as correntes apresentam obras excepcionais, como também aberrações formais. Ambas apresentaram problemas de decadência formal quando os artistas afastaram-se de seus princípios reguladores e não mais conseguiram associar a forma ao conteúdo. Quando o reino do "tudo é possível" se estabelece, a decadência começa a se instaurar.

Por outro lado, é preciso esclarecer que, destituídos de um vocabulário formal do passado, os arquitetos modernistas se utilizaram de imagens industriais e das máquinas como referências formais para suas obras. "Le Corbusier adorava silos e navios a vapor; a Bauhaus parecia uma fábrica; Mies refinou os detalhes das siderúrgicas americanas para fazer edifícios de concreto."[3] De certo modo, pode-se dizer que, apesar de todo o seu discurso sobre o funcionalismo e a verdade, eles foram buscar, fora da arquitetura, elementos para compor uma nova linguagem. Mesmo porque não se inventa uma forma do nada, ainda mais quando toda a justificativa para essa mudança é baseada no *Zeitgeist*.

Feitas as ressalvas acima e com consciência da necessidade de olhar com outros olhos não só as formas, mas também os argumentos falaciosos, pode-se caminhar para o cerne desse trabalho: compreender as relações entre o ornamento e o mundo moderno.

CAPÍTULO IV

O ORNAMENTO COMO OPOSIÇÃO AO MODERNO

Como bem descreve Gilberto Paim, entre "(...) 1850 e 1950, período de extrema fertilidade para a arte e de muita turbulência para a humanidade, o ornamento esteve no centro de um debate mais do que caloroso, envolvendo artesãos, artistas, arquitetos, designers, críticos, teóricos e historiadores da arte".[1] A partir das críticas feitas ao ornamento nesse período, tão bem reunidas e comentadas na obra de Paim e ainda daquelas específicas formuladas por Adolf Loos, é que tentamos encontrar o significado desse debate. O nosso interesse está em entender por que o ornamento foi estigmatizado, ao ponto de passar a representar todos os aspectos negativos do passado. Procuramos fazer uma síntese das principais idéias lançadas sobre o tema, para descobrir a razão da contraposição que se fez entre o ornamento e o projeto moderno para a arquitetura. Para tal, fazemos a seguir algumas citações dentre as mais significativas, deixando que a paixão contida nas palavras dos próprios autores se expresse na sua forma original, pois ela também é significativa para a compreensão de todo esse processo.

ADOLF LOOS: ORNAMENTO E CRIME[2]

Um dos maiores representantes da cruzada modernista contra o ornamento foi Adolf Loos. Esta cruzada fazia parte de suas convicções pessoais, mas suas críticas também objetivavam atingir as tendências estetizantes de Klint, Olbrich e Hoffmann que, em 1897, haviam fundado a *Sezession* Vienense, movimento que, apesar de ainda apresentar um sentido decorativista, contraditoriamente abriu o caminho para a introdução da arquitetura moderna em Viena. Para facilitar a compreensão das críticas formuladas por Loos, procuramos agrupá-las segundo os seus temas, já que, na maioria dos casos, esses temas antecipam-se aos postulados do Modernismo, ou coincidem com as críticas feitas ao Ecletismo historicista da época. Cabe ainda esclarecer que os nomes dados aos subtítulos abaixo referem-se às expressões usualmente empregadas nos textos relativos ao modernismo, objetivando revelar como se desenvolvia o pensamento arquitetônico desse período.

A VERDADE DOS MATERIAIS

O tema da verdade dos materiais nos possibilita compreender qual a direção que a sensibilidade moderna tomou a partir da supressão dos ornamentos da edificação. A própria idéia de que o ornamento deveria ser substituído demonstraria, por um lado, a necessidade de que algo desempenhasse o seu papel e, por outro, definiria a qualidade do material como o ornamento moderno. A substituição do ornamento arquitetônico pela

A   B   C

FIGURA 36 – O MATERIAL COMO O ORNAMENTO MODERNO E A POÉTICA DA EMPENA CEGA:

A – A EMPENA CEGA DO MUSEU DE ARTE MODERNA DO RIO (1953), AFFONSO E. REIDY.

B – O REVESTIMENTO COMO ORNAMENTO: PAINEL DE AZULEJOS DO MINISTÉRIO DA EDUCAÇÃO NO RIO (1936), LÚCIO COSTA, NIEMEYER, CARLOS LEÃO, JORGE MOREIRA, AFFONSO REIDY E ERNANI VASCONCELOS.

C – A VONTADE ESTÉTICA PREVALECE NO USO DA EMPENA CEGA DO MINISTÉRIO DA EDUCAÇÃO NO RIO, POIS NELA EXISTEM SANITÁRIOS VENTILADOS MECANICAMENTE PARA EVITAR A ABERTURA DE JANELAS QUE MACULASSEM O PURISMO FORMAL DA COMPOSIÇÃO. É INTERESSANTE PERCEBER NA MESMA FOTO QUE OS VOLUMES DA COBERTURA LEMBRAM AS CHAMINÉS DOS GRANDES TRANSATLÂNTICOS, FONTE DE INSPIRAÇÃO PARA O ART-DÉCO E PARA O MODERNISMO.

O ORNAMENTO COMO OPOSIÇÃO AO MODERNO | 85

FIGURA 37 – O *Chicago Tribune:* PROJETO DE CONCURSO PARA A SEDE DA EMPRESA (1922), ADOLF LOOS.

força expressiva dos materiais revela que a cor, a textura, o sentido gráfico, a densidade e a resistência, entre outras qualidades específicas dos materiais, funcionariam como elementos de composição arquitetônica. No memorial do seu projeto para o concurso da sede do *The Chicago Tribune,* Loos escreve: "Minha teoria de que temos que substituir a ornamentação dos antigos pelo material nobre alcança, nesse projeto, sua expressão mais exagerada (...)."³ Segundo ele: "Há que se considerar que o material nobre e o trabalho bem realizado não só compensam a falta de ornamentação como resultam num efeito muito mais refinado. (...)Modificamos a ornamentação dos períodos passados por algo melhor. O material nobre é um milagre de Deus."⁴ Cinco anos antes ele escrevia: "Mas nossa época empresta mais valor à forma verdadeira, ao material sólido, à realização precisa."⁵ Nesta última afirmação já estão inseridos alguns argumentos falaciosos do discurso moderno, que não se justificam. São palavras de efeito que revelam-se vazias de conteúdo: O que é forma verdadeira? Quanto ao material sólido, poder-se-ia dizer que antes não se utilizavam materiais sólidos na construção? As realizações do passado não seriam precisas?

Analisando a questão do material nos artigos de Loos, Paim escreve: "O recorte moderno entre o ornamento e o não-ornamento seguiu uma lógica bastante peculiar. É mesmo surpreendente que Loos não considerasse o revestimento um procedimento ornamental, embora tenha sido amplamente utilizado no passado (...). Loos introduziu esta idéia (tão questionável quanto moderna), segundo a qual há determinadas formas de acabamento que trazem beleza e conforto para a arquitetura, e que não devem ser classificadas entre os ornamentos (...)."⁶

A FUNÇÃO ACIMA DE TODAS AS COISAS

A funcionalidade, outro conceito bastante significativo para o Modernismo, é utilizado por Loos para justificar a ausência de ornamentos. Com esse fim, ele usa a cerâmica grega como exemplo de objeto cuja beleza vem da funcionalidade: "A base, o corpo, as alças, a grande boca, foram ditadas apenas pelo uso? Sim! É por isso que estas vasilhas são inteiramente práticas! Apesar disso sempre as consideramos belas! (...) E foram trabalhadas somente a partir do ponto de vista prático, sem pensar, o mínimo que fosse, na beleza e sem querer realizar nenhuma exigência estética. Quando um objeto era tão prático que não podia ser mais, era nesse momento que ele era chamado de belo(...) As vasilhas gregas são tão belas como uma máquina ou uma bicicleta."[7] Ainda associando beleza e funcionalidade, e considerando o ornamento como supérfluo, Loos escreve: "A condição essencial para que um objeto aspire à condição de belo é que não contrarie o princípio da utilidade.(...) Na natureza não há nada supérfluo. Chamamos beleza pura ao grau mais elevado do valor utilitário em harmonia com as demais partes."[8] Um bom exemplo da necessidade que Loos via de se atender ao sentido funcional, ao domínio da técnica e de se eliminar as fantasias ornamentais da forma está no seu artigo "Der Sattlermeister". Nesse artigo, Loos conta a história de um artesão que confeccionava selas para montaria de modo funcional e não decorativo. Ao consultar um dos mestres da Sezession Vienense, ele recebeu a afirmação de que suas selas não eram modernas como ele supunha, e que nelas faltava fantasia. O mestre fez um concurso de projetos e apresentou ao artesão 49 desenhos para selas, feitos por ele e por seus alunos. O artesão observou atentamente os desenhos e disse ao mestre: "Senhor professor, se eu soubesse tão pouco sobre cavalgar, sobre cavalos, sobre o couro e sobre o trabalho com este material como os seus alunos, eu também conseguiria realizar fantasias."[9] Sobre funcionalidade deve-se destacar ainda a seguinte frase: "Não penses no telhado e sim na chuva e na neve."[10]

Zeitgeist – O ESPÍRITO DA ÉPOCA

A necessidade das formas estarem em consonância com o *Zeitgeist* foi um dos mais importantes argumentos que o Modernismo utilizou para implantar suas idéias estéticas. Ele não só estava presente nos artigos de Loos como apresenta um papel crucial na sua argumentação: "Apresentam beleza estas coisas? Não é essa a questão. Estão no espírito de nossa época e por isso são corretas."[11] Aparentemente a adequação a esse conceito, para os modernistas, seria quase que uma autojustificação da forma: estar adequada ao seu tempo já seria o suficiente e o necessário. Loos procura ainda dissociar o ornamento do *Zeitgeist*: "Como o ornamento já não pertence à nossa civilização desde o ponto de vista orgânico, ele tampouco é expressão da mesma. O ornamento criado no presente já não apresenta nenhuma relação conosco nem com nada de humano, ou seja, não apresenta nenhuma relação com a atual ordem mundial."[12] Sua conclusão é que "Buscar a beleza unicamente na forma e não fazê-la depender do ornamento é a meta à qual aspira toda a humanidade".[13]

Ainda em 1898, Loos ataca o ornamento associando-o ao lado primitivo do homem e utilizando o índio como comparação: "Quanto mais primitivo é um povo, mais pródigo ele é com os seus ornamentos, com seus adornos."[14] Para ele a eliminação do ornamento é o resultado de um processo natural: "Pense que o caminho da cultura é um caminho que, partindo do ornamento, conduza à ausência de ornamentos! A evolução da cultura está associada com o abandono do ornamento dos artigos de consumo! O nativo da Papuásia (Nova Guiné) cobre de adornos tudo que estiver ao alcance de suas mãos, desde o seu corpo e seu rosto até o seu arco e sua canoa. (...) Perdemos as técnicas antigas? Graças a Deus! Graças a isso temos a música de Beethoven. Nossos templos já não estão pintados como o Parthenon, de azul, vermelho, verde e branco. Não! Aprendemos a apreciar a beleza da pedra nua."[15]

ARQUITETURA OU REVOLUÇÃO[16]

As críticas de Loos apresentavam ainda uma argumentação política e econômica, situando-se muitas vezes, por isso, fora do objeto em questão: a arquitetura e as artes utilitárias. Em 1908, ele questiona a identidade cultural de um povo e argumenta sobre a necessidade de se modernizar em relação a uma cultura global, prevendo que "No século XX só uma civilização dominará o globo terrestre".[17] Considerando-o inserido no contexto de um projeto moderno para o mundo, percebe-se que o processo de globalização já assumia, presumivelmente desde então, um caminho irreversível. Alguns aspectos de sua obra revelam, aqui e ali, o valor econômico que está associado ao projeto de modernização. Num artigo de 1898 sobre cadeiras, ele escreve: "Atualmente não exige-se de uma cadeira que ela seja apenas adequada mas sim que nela se possa descansar rapidamente. Time is money e, por isso, o descanso deve especializar-se."[18] Percebe-se também, o quanto o pensamento estético moderno estava comprometido com o aspecto econômico, como bem demonstram os artigos de Loos. "Não acredito que seja necessário investigar se as revoltas sociais vão trazer novas formas e novas idéias. Nos dias atuais ainda impera uma concepção capitalista do mundo e minhas concepções só são válidas a partir desta consideração."[19]

Em seu artigo "Ornamento e crime", de 1908, Loos faz duras críticas ao ornamento e ao Estado por patrociná-lo. Acredita que o ornamento, naqueles dias, era responsável pelo atraso cultural e econômico da Áustria. Ele foi extremamente radical e utilizava-se de um tom profético nas suas afirmações: "Descubri o seguinte e o comuniquei ao mundo: a evolução cultural corresponde à eliminação do ornamento do objeto comum. (...) O que constitui a grandeza de nossa época é o fato dela ser incapaz de elaborar um ornamento novo. Vencemos o ornamento. Alcançamos um tal domínio, que já não há ornamentos. Vês, está próximo o dia, a meta nos espera. Dentro em breve as ruas das cidades brilharão como paredes brancas. Como Sião, a cidade santa, a capital do céu. Aí então teremos alcançado nosso objetivo." Para Loos, a incompreensão desta tendência cultural para a eliminação do ornamento é um problema moral. Ele chama aqueles que não entendem esse princípio de "(...) os maus espíritos incapazes de tolerá-lo".[20]

Loos comenta o gasto em horas de trabalho e a menor remuneração do artífice que faz ornamentos em relação ao operário moderno. Argumenta ainda que o valor de venda de um objeto ornamentado é menor do que o de um liso. A partir dessa justificativa, ele afirma que o ornamento é um desperdício da força de trabalho e, por conseqüência, desperdício também de saúde e de material, o que demonstra ser ainda um desperdício de capital.[21] Sua argumentação é plena de afirmações políticas: "(...) a epidemia ornamental está reconhecida estatalmente e é subvencionada com o dinheiro do governo." Segundo ele: "Já que todo Estado parte da suposição de que é mais fácil governar um povo que está sob o domínio de uma forma ruim. (...) O enorme prejuízo e as devastações que o redespertar do ornamento produz na evolução estética poderia ser evitado, com facilidade, já que nada, nem mesmo uma força estatal, pode deter a evolução da humanidade. Só é possível atrasá-la. Podemos esperar, mas isso gera um crime contra a economia do povo, pois se perde trabalho, dinheiro e material humano. O tempo não pode compensar esses danos."[22] O ornamento "(...) comete um crime porque prejudica enormemente os homens atentando contra a saúde, contra o patrimônio nacional e, por isso, contra a evolução cultural".[23]

Não se pode deixar de perceber que o discurso nacionalista da cultura germânica permeia todos os escritos de Loos. Aqui e ali ele faz citações à cultura alemã ou à importância de sua revalorização, de seu resgate. Tal fato vem de encontro a esse paradoxo do Modernismo que simultaneamente é internacionalizante no que tange ao gosto, mas procura uma raiz cultural local para justificar essa "nova sensibilidade". É importante perceber também o quanto seu discurso está associado às questões mercadológicas do comércio internacional e à capacidade de exportar os produtos nacionais.[24] A idéia de modernizar a Áustria passa, segundo Loos, pela eliminação do ornamento. Segundo ele, havia, naquele período, a defesa econômica do ornamento baseada na dedução de que seria bom que os objetos saíssem de moda devido à sua forma ornamentada porque assim o consumidor compraria novos objetos e isso era fundamental para a indústria. Loos afirma que, se esse argumento estivesse certo, era melhor incendiar as cidades porque muito trabalho e investimento seriam necessários para reconstruí-las.[25] A análise dessa afirmação revela um total despropósito, demonstrando que o que conduzia suas afirmações era a paixão por um ideal e não a razão crítica. Percebe-se que Loos se propunha a uma catequização a qualquer custo para atingir seus objetivos. Como todo o discurso moderno no campo da arquitetura, as argumentações de Loos caminham para afirmações contundentes mas, muitas vezes, desprovidas de embasamento e de justificativas coerentes.

Para Loos, "O homem moderno, que considera o ornamento como um elemento sagrado, signo da superioridade artística do passado, reconhecerá de imediato nos ornamentos modernos o atormentado, o penoso e o enfermo. Ninguém que viva em nosso nível cultural poderá criar qualquer tipo de ornamento". Assim, explica que "A ausência de ornamento não é uma falta de atrativo. Constitui, pelo contrário, um novo poder de atração, uma nova animação". Encerra o seu artigo "Ornamento e crime" afirmando que "A falta de ornamentos é um sinal de força espiritual".[26]

Deve-se, contudo, para ser fiel aos escritos de Loos, revelar que seus artigos não se limitam apenas à crítica ao ornamento. Eles apresentam também idéias que são de grande valor dentro do campo específico da arte e da arquitetura, mas não se enquadram no tema deste trabalho. Sua argumentação apresenta uma qualidade especial quando se concentra na sua área específica de atuação e não se utiliza de justificativas externas a ela. Esta característica reforça a idéia de que é necessário um compromisso com o objeto em discussão, com o fazer e o saber fazer, com suas qualidades e sua força expressiva. A reflexão sobre as conexões da obra com os ideais de uma época ou, melhor esclarecendo, com as premissas vigentes do que é certo e errado, é normalmente tendenciosa e falaciosa. Raramente elas ajudam a compreensão do valor das obras, qualidade necessária para uma crítica de arte. De todo modo, a obra escrita de Loos permite que se estabeleça uma visão panorâmica do pensamento anti-ornamental e das idéias que serviram de base para o desenvolvimento da arquitetura moderna. Ela é de grande utilidade como um instrumento para a compreensão do processo de supressão do ornamento da composição arquitetônica.

As idéias emblemáticas de Ruskin e Sullivan

Durante o século XIX ocorreu um debate acalorado sobre a industrialização e a arte, do qual fez parte o questionamento sobre o valor do ornamento. Nesse período, já se manifestava a necessidade da sua supressão, mas o debate se concentrava especialmente nos valores simbólicos representados pelos ornamentos e na sua relação com a composição como um todo. Citamos aqui dois dos críticos mais expressivos, dentre os inúmeros que aparecem nesse período.

John Ruskin: "A ornamentação é a principal parte da arquitetura"[27]

John Ruskin foi um crítico e teórico inglês que valorizava o caráter artesanal, o sentido orgânico e a não uniformidade dos ornamentos. Por isso considerava o estilo gótico como um exemplo a ser seguido. Ele se preocupava especialmente com a questão dos valores sociais e artísticos e com a valorização do trabalho e da energia do fazer e da criação em cada indivíduo, fazendo assim severas críticas ao ornamento industrial. Ruskin considerava ainda que os ornamentos eram "(...) os elementos definidores da arquitetura como arte".[28] Associava o ornamento à beleza mas definia a necessidade de regras para sua aplicação. Em 1848, escreveu: "Há uma lei geral, de importância singular para o tempo presente, uma lei do simples bom senso, que consiste em não decorar coisas que pertencem aos propósitos da vida ativa e ocupada. Onde você puder repousar, então decore; onde o repouso é proibido, a beleza também é."[29] Tal afirmação revela que Ruskin considerava o ornamento em tão elevado grau que era preciso tempo e tranqüilidade para sua observação, fazendo quase que uma deferência ao mesmo. Ele se insere no ideário romântico e, por isso, restringe ao tema da natureza a inspiração para as formas ornamentais. Ruskin estabeleceu ainda a necessidade da escolha dos motivos adequados para cada local, como também questões de adequação à escala, à distância e ao percurso feito para a observação da obra, como também da subordinação do ornamento ao todo. Sua argumentação tem, em muitos casos, raízes morais e um dos aspectos por ele condenado é a "mentira", especialmente no caso do fingimento dos materiais. Esse tema, associado à questão da observação do ornamento, é um dos poucos aspectos das suas teorias que serão, de algum modo, incorporados mais tarde ao discurso modernista. Isto porque a redução do tempo e do espaço de observação, definidos pela presença do automóvel e pelo edifício alto, serão argumentos posteriormente utilizados para justificar a ausência de ornamentação na arquitetura moderna. Verifica-se assim o quanto as idéias do século XIX, mesmo que num contexto de valorização do ornamento, foram sendo amalgamadas para o posterior surgimento de todo um pensamento antiornamental. Os próprios defensores do ornamento, ao serem vigorosamente contrários à sua fabricação industrial e à sua aplicação indiscriminada, preparam um campo fértil para o pensamento antiornamental e acabam oferecendo munição para a causa modernista.

LOUIS SULLIVAN: "A FORMA SEGUE A FUNÇÃO"[30]

Louis Sullivan não foi propriamente um teórico, mas um arquiteto praticante, personalidade dominante da Escola de Chicago, cidade na qual projetou diversos arranha-céus que se tornaram referências pioneiras para a arquitetura moderna. A grande repercussão de seus escritos se deu através de Nikolaus Pevsner, que teria sido parcial e tendencioso, quando transcreveu alguns trechos em 1936, utilizando-os como embasamento para a defesa da concepção moderna antiornamental.[31] Sullivam nunca abriu mão totalmente da ornamentação nem foi radicalmente oposto a ela. Segundo Paim, seu objetivo era justamente evitar a sua banalização. De todo modo alguns trechos de seus escritos são tão sintomáticos que merecem ser transcritos. Em 1892, no texto intitulado "O ornamento na arquitetura", ele escreve: "Seria ótimo para o nosso bem-estar estético se parássemos completamente de usar ornamentos durante um período de anos, de modo que o nosso pensamento pudesse se concentrar intensamente na produção de prédios harmoniosos e agradavelmente nus. Seríamos obrigados a evitar muitas coisas indesejáveis, e a aprender, por contraste, como é produtivo pensar de modo completo, vigoroso e natural." Esse foi o trecho citado por Pevsner que, no entanto, não transcreve a seguinte parte que lhe é posterior: "No meu entendimento, a composição das massas e o sistema decorativo de uma estrutura podem ser separados apenas teoricamente e visando a um estudo analítico. Acredito que um excelente prédio, muito bonito, possa ser desenhado sem qualquer ornamento; mas acredito firmemente que uma estrutura decorada, harmoniosamente concebida, bem considerada, não pode perder o seu sistema ornamental sem que a sua individualidade sofra um duro golpe." Segundo Paim, Sullivan acreditava que, numa arquitetura que se propusesse a ser uma obra de arte, o ornamento seria parte integrante do todo e jamais um supérfluo. Sua idéia vinha da necessidade de uma reeducação do olhar, da necessidade de se evitar os excessos e a falta de critério existente em exemplos do Ecletismo tardio de então.[32]

Sullivan foi ainda o criador de uma expressão seminal para o Modernismo: "A forma segue a função." Mais uma vez, os escritos de Sullivan teriam sido isolados de seu contexto e empregados de um modo tendencioso porque assim serviam aos interesses dos manifestos da arquitetura moderna. Paim revela alguns outros trechos de "Forma e Função" de Sullivan que bem demonstram a afirmativa acima: "A inter-relação entre função e forma não tem começo nem fim. Ela é incrivelmente pequena e incomensuravelmente vasta, inescrutavelmente móvel, infinitamente serena, intimamente complexa – e simples, até." "Tudo é forma e tudo é função, mas a sua fragrância é o seu ritmo; sua linguagem é o ritmo." Segundo Paim, Sullivan descreve nesse mesmo texto "(...) a função árvore e a forma árvore, da função onda e da forma onda (...)" e assim por diante.[33]

Pevsner ainda cita no seu livro *Os pioneiros do desenho moderno*, dois outros autores americanos contemporâneos de Sullivan. Um deles é Montgomery Schuyler, escritor e jornalista que em 1892 publicou um livro sobre arquitetura americana, no qual escreveu: "Se experimentássemos raspar completamente as fachadas dos edifícios das nossas ruas verificaríamos que tínhamos simplesmente tirado toda a arquitetura, e que o edifício ficava tão bom como estava antes." A outra citação é de Russel Sturgis, arquiteto, que escrevia na revista *Architectural Record* em 1898/1899: "Todos os estilos conhecidos foram mais ou menos desacreditados pelo uso impróprio que padeceram às mãos da nossa geração (...) Os estilos antigos simplesmente não se adaptam a nós, e temos de pô-los de lado (...) Quando os arquitetos passarem a recorrer apenas, como fontes de efeito arquitetônico, ao edifício, à construção e ao uso dos materiais, então será possível que surja um novo e admirável estilo."[34]

Percebe-se que, publicados ou não de forma tendenciosa, os escritos desses americanos já deixavam antever, no final do século XIX, os caminhos para uma mudança radical na imagem dos edifícios. Percebe-se ainda que todo esse processo se desenvolveu principalmente como uma reação aos arroubos decorativos e excessos ornamentais, associados à falta de um instrumento efetivo de controle projetual que resguardasse os limites da utilização do ornamento entre outros problemas compositivos da arquitetura. Seria possível citar inúmeros outros teóricos e arquitetos, de maior ou menor importância, que trataram da problemática do ornamento e do ascetismo formal do Modernismo. Contudo, os argumentos e as justificativas por eles utilizados não são muito diferentes das aqui já citadas. Elas servem para mostrar que a reação antiornamental já estava sendo produzida há muito. A guerra, que então se inicia é, por um lado, fruto de um cansaço visual, mas também decorre da imensa necessidade de novidades visuais, produzida pelo ritmo incessante do desenvolvimento tecnológico e do consumo. O "olhar para o futuro", em contraposição ao "olhar para o passado" que até então se produzia, era uma promessa de infinitas novidades, melhorias e superações. A idealização do passado que nasce com o Romantismo era substituída pela idealização do futuro. Havia uma necessidade de redenção, que só um projeto moderno para o mundo podia traduzir. É nesse contexto de polarização passado x futuro que se estabelece um processo de valoração dos fatos e das coisas, no qual se insere a arquitetura. Por outro lado, já havia se instaurado o "tudo é possível" na produção arquitetônica do Ecletismo e, no reino da forma, quando tudo se torna possível, se inicia um período de decadência. Foi assim também com a arquitetura moderna, às vésperas das primeiras manifestações do movimento pós-moderno.

CONCLUSÃO

O ORNAMENTO MODERNO

A análise da presença do ornamento na arquitetura, desde o período da civilização grega até os nossos dias, criou uma grande dificuldade para explicar a questão do ornamento na modernidade. Por um lado, verificamos que a sua presença foi efetiva por cerca de 2.500 anos, o que possibilitou caracterizá-lo com um sentido arquetípico. Por outro lado, essa característica seria contraditória com o que sucedeu a partir da arquitetura moderna, quando o ornamento arquitetônico teria sido rejeitado. Isto porque, se o ornamento configurasse um valor arquetípico, de algum modo ele estaria presente ou, no mínimo, apenas momentaneamente ausente do quadro da arquitetura moderna e contemporânea. O mais provável seria, portanto, que o ornamento não teria desaparecido e sua presença estaria mascarada ou seria subliminar. Com esta premissa, procuramos entender o que seria então o ornamento moderno. A partir daí, de observações pessoais e de pesquisa bibliográfica, surgiram duas hipóteses para explicar esse fenômeno, ambas partindo do princípio de que o ornamento teria sido reformulado, apresentando-se sob novas bases formais. Uma terceira e última hipótese aparece, revendo e questionando as duas primeiras, apesar de não ser necessariamente excludente em relação a elas. À primeira vista esta última hipótese parece ser a que melhor explica a problemática do ornamento na modernidade. Expomos a seguir as três hipóteses, fazendo sempre ressalvas, no entanto, sobre a necessidade do aprofundamento desse tema tão vasto e complexo. Não temos a pretensão de formular teorias ou conceitos nesse estudo, mas apenas estabelecer hipóteses preliminares a serem verificadas e destacar a necessidade de se estudar a problemática do ornamento a partir do surgimento da arquitetura moderna. Assim, entendemos as considerações feitas como possibilidades abertas a novas interpretações e a pesquisas que poderão melhor avaliá-las.

O MATERIAL COMO UM NOVO ORNAMENTO

A primeira hipótese sobre a reformulação do ornamento diz respeito à sua substituição pelos materiais, especialmente aqueles de revestimento, fato explicitamente anunciado por alguns artífices do Modernismo. As características dos materiais como a cor e a textura, por exemplo, foram utilizadas na arquitetura moderna para ambientar e caracterizar o espaço.[1] No exterior da construção, essa característica poderia ser identificada também

FIGURA 38 – A PAREDE DE TIJOLO DE VIDRO DO BANCO BOAVISTA E A EXPLORAÇÃO DAS POSSIBILIDADES ESTÉTICAS DO MATERIAL. RIO DE JANEIRO (1946), OSCAR NIEMEYER.

CONCLUSÃO: O ORNAMENTO MODERNO | 97

A

FIGURA 39 – O CONCRETO ESCULTURAL E O BRUTALISMO NO MUSEU DE ARTE MODERNA DO RIO (1953), AFFONSO E. REIDY. A COLUNATA EXPLORA AS POSSIBILIDADES PLÁSTICAS DO CONCRETO, FAZENDO DA ESTRUTURA O *LEITMOTIV* DA COMPOSIÇÃO.

A – A COLUNATA.

B – O PILOTIS.

C – A ESTRUTURA COMO O ORNAMENTO MODERNO: FACHADA DO WORLD TRADE CENTER (1966-77), NOVA YORK – MINORU YAMASAKI.

B

C

FIGURA 40 – OS DUTOS DE INSTALA-
ÇÕES E A ESTRUTURA FORMAM A
COMPOSIÇÃO DA FACHADA POSTE-
RIOR DO BEAUBOURG, CENTRO
GEORGES POMPIDOU, EM PARIS
(1972-76), RENZO PIANO E RICHARD
ROGERS.

na força expressiva alcançada por alguns materiais, especialmente o vidro e o concreto. O concreto, por sua vez, com destaque para a escola brutalista,[2] serviu para esculpir relevos e valorizar plasticamente os elementos estruturais, tornando-os também substitutos para o ornamento. A valorização formal dos elementos e do sistema estrutural seria uma outra possível interpretação para o que seria o ornamento moderno. Esse processo ocorre ainda com algumas outras partes da edificação e até mesmo com as instalações. Esse é o caso do Centro Georges Pompidou em Paris (o Beaubourg de Pianno&Rogers), em especial da sua fachada posterior, na qual toda a composição foi reduzida a um conjunto de tubulações pertencentes às instalações. Pode-se dizer que a arquitetura do Beaubourg é formada pela composição dos elementos estruturais, as instalações e os elementos de vedação. Nesse processo, o esquema que guia o projeto é a mudança de escala do objeto ou, como queria Venturi, o "exagero". Segundo ele, "Louis Kahn disse certa vez que o exagero era a ferramenta do arquiteto para criar ornamentos. Mas o exagero da estrutura e programa (e, nos anos 50 e 60, de equipamento mecânico, isto é, dutos equivalentes à decoração) tornou-se um substituto do ornamento".[3] Podemos lembrar aqui do período no qual os dutos aparentes de ar condicionado, entre outros elementos de instalação, passaram a apresentar um papel de destaque na composição arquitetônica dos interiores. Quando esse conceito era explorado de um modo mais radical, denominou-se essa corrente de arquitetura de *High-tech*.

A partir do que foi exposto, o ornamento não teria sido excluído da arquitetura moderna, mas sim substituído por outros elementos, os quais poderíamos chamar de ornamentos modernos. Nesse caso, entende-se que teria havido uma transformação da aparência formal do ornamento, um deslocamento semântico, uma resignificação do mesmo. Portanto, ele continuaria presente na composição arquitetônica e apenas não teria sido mais percebido como tal porque os teóricos modernos não denominaram esses elementos como ornamentos. A palavra ornamento, justamente pela força do seu significado e por, hipoteticamente, qualificar um arquétipo, teria sido o alvo do ataque que visava romper com as formas do passado. A palavra ornamento teria assumido uma identidade tão estreita com o passado e, especialmente com o Ecletismo, que ela teria incorporado todos os aspectos negativos a eles associados. Nesse sentido não era mais possível uma atitude reformista de substituir um ornamento por outro, era necessário uma atitude revolucionária: eliminar o ornamento. Contudo, como ele já havia adquirido um caráter arquetípico, o que teria ocorrido seria apenas uma mudança no seu significado, ou seja, o ornamento teria passado a ser denominado e apresentado sob novas formas.[4]

FIGURA 41 – O DUTO DE AR CONDICIONADO E AS INSTALAÇÕES APARENTES COMO ELEMENTOS DE VALOR ORNAMENTAL NO ESPAÇO MODERNO.

Sabe-se que as qualidades dos materiais já haviam sido exploradas na arquitetura do passado, mas a partir de uma outra sensibilidade. O material sempre esteve subordinado ao ornamento ou ao sistema construtivo. Raramente ele foi explorado apenas a partir das suas próprias características. Sua utilização estava associada à sua capacidade de conferir expressividade ao ornamento e aos demais elementos da edificação. Os volumes e as superfícies estavam intimamente relacionados ao sistema ornamental e a expressividade dos materiais era importante, mas mantinha-se como que em segundo plano. A partir do acima exposto, seria possível chegar à conclusão de que o material, a exploração plástica das suas qualidades e os elementos estruturais valorizados escultoricamente, além do emprego de elementos mecânicos e de instalação em geral de modo aparente, seriam os ornamentos modernos.

A FORMA COMO UM NOVO ORNAMENTO

A segunda hipótese sobre a reformulação do ornamento diz respeito à transformação da própria obra arquitetônica em ornamento. A força arquetípica do ornamento seria tão intensa que, ao se resolver abolir o ornamento, ele teria deixado de ser parte da composição para passar a ser o todo, ser a composição inteira, a obra passaria assim a ser um grande ornamento (vide Figura 37). Venturi faz críticas a esse processo de transformação da arquitetura moderna, considerando-o degenerado: "Ironicamente, a arquitetura moderna de hoje, ao mesmo tempo em que rejeita o simbolismo explícito e o ornamento aplicado frívolo, faz com que todo o edifício degenere em um grande ornamento. Ao substituir a decoração pela 'articulação', converteu-se em um 'duck' (elemento escultórico)."[5] Essa hipótese é reforçada, de certo modo, por sua associação à lei física da ação e reação (a toda ação corresponde uma reação de igual intensidade e em sentido contrário). O ornamento teria sido atacado de maneira intensa pelo Modernismo porque seu emprego no Ecletismo teria sido visto como desmedido, descontrolado e exacerbado. Assim, à presença marcante e excessiva do ornamento contrapôs-se a necessidade da sua eliminação, da sua ausência. Esse ato radical e proporcionalmente contrário ao processo ocorrido no Ecletismo teria acabado por se tornar, ele mesmo,

CONCLUSÃO: O ORNAMENTO MODERNO | 101

FIGURA 42 – UM EDIFÍCIO OU UM OBJETO DE DESIGN? MUSEU GUGGENHEIM (1956-59), NOVA YORK – FRANK LLOYD WRIGHT.

uma ação de tal intensidade, que a reação que lhe teria sido proporcional foi inconsciente.[6] A forte ação da imagem arquetípica do ornamento, presente no inconsciente coletivo ocidental, emergiu de um modo subliminar no processo de criação da arquitetura, transformando a obra em ornamento ou, para não ferir as suscetibilidades modernistas, a obra em objeto.[7] Nasce assim uma tendência na arquitetura moderna de produzir obras esculturais.[8] Segundo Venturi, "Quando os arquitetos modernos abandonaram, de modo justificado, o ornamento nos edifícios, eles projetaram inconscientemente prédios que eram ornamentos".[9]

O processo acima descrito teria suas bases no estilo chamado Art-déco. Na tentativa de romper com as formas do passado e procurar uma linguagem para o seu tempo, o Art-déco teria aberto o caminho para a abstração na arquitetura. Sua linguagem gráfica e geométrica, utilizada primeiramente como motivo ornamental e decorativo, impregnou a própria concepção da obra, que foi perdendo suas características tectônicas, desafiando as harmonias e simetrias clássicas, e assimilando a tecnologia moderna. Inicia-se assim o processo de transformação do edifício em um objeto autônomo.

Em muitos edifícios ecléticos, o excesso de ornamentos e o seu uso indiscriminado fragilizavam a composição arquitetônica no seu sentido de estruturação formal e também no arranjo dos volumes. De certo modo, pode-se dizer que o ornamento, como hoje usualmente se faz com os materiais e até mesmo com a vegetação na arquitetura comum, era, em muitos casos, uma muleta. O projeto não está bem resolvido? Ornamente-o. Assim, era necessário, como queria Sullivan, despir-se momentaneamente da "roupagem ornamental" para que se pudesse enxergar com clareza a essência da composição da edificação. Contudo, como geralmente ocorre nos períodos de renovação, há um radicalismo nas ações. Não se devia condenar e abolir um elemento compositivo – o ornamento – apenas pelo mau uso que se fazia dele. A verdadeira cruzada antiornamental à qual se submeteu a arquitetura moderna estava imbuída, em grande parte, apenas de questões morais e éticas. Criaram-se inúmeras justificativas para abolir o ornamento, como se fosse uma missão sagrada e irreversível.

Questões morais e éticas também foram utilizadas posteriormente na crítica ao movimento historicista pós-moderno, quando se argumentava que ele era, na verdade, uma "máscara do consumismo". Utilizar argumentos externos à arte e à arquitetura não ajuda a compreender suas reais qualidades e, além de gerar distorções no pensamento crítico, cria preconceitos formais. É preciso, portanto, avaliar as qualidades de uma obra a partir da análise das suas características técnicas e formais, conscientes de que, mesmo que ela siga uma tendência marginal ou não hegemônica, sendo ela uma obra de arte, de algum modo a expressão do *Zeitgeist* estará incorporada em sua estrutura formal. O ecletismo do início do século XX foi combatido exaustivamente pelos modernistas por não estar de acordo com o *Zeitgeist*. Contudo, de um modo diverso do que se supunha, ele estava intimamente associado ao consumo, à industrialização e a uma sociedade de massa então emergente. Uma sociedade que permitia, simultaneamente, o mais fácil acesso às informações visuais com a ampla divulgação das reproduções, como também o acesso ao mundo das formas, fabricadas em escala e por isso com um custo muito menor. A encomenda não era mais feita a um grupo de artesãos que levaria um grande tempo produzindo as formas criadas pelo arquiteto, mas sim feita à indústria, que oferecia diversas possibilidades de formas prontas em catálogo. Os artesãos não eram mais artesãos, e sim, meros montadores de peças previamente fabricadas. Nesse sentido havia uma estreita relação entre o Ecletismo e o *Zeitgeist*.

Do mesmo modo, não adianta fazer ao Pós-Moderno a crítica do esvaziamento do significado das formas e à falta de identidade cultural. Esta mesma crítica poderia ser feita, e era feita, ao Ecletismo. No entanto, de certo modo, o Ecletismo representava o *Zeitgeist*, não pelo significado simbólico e histórico das formas empregadas, mas pelo significado que lhes era atribuído. Os valores mais significativos da forma eclética eram: a profusão como símbolo de riqueza, o poder traduzido na possibilidade de escolha que o mercado de consumo oferecia e a liberdade da fantasia e da imaginação.

Muito provavelmente a falácia da corrente historicista do Pós-Modernismo, ou melhor, a pouca duração da estratégia de utilizar formas simbólicas de um repertório do passado nos edifícios, ou o desejo de novamente ornamentar a arquitetura, ocorreu justamente porque as formas empregadas já não mais apresentavam um real significado. Nem um significado iconológico, nem um significado iconográfico. A cultura moderna,

FIGURA 43 – O ORNAMENTO PÓS-MODERNO: HALL DE ACESSO DO EDIFÍCIO AT&T (1979-84), NOVA YORK – PHILIP JOHNSON. AS ARCADAS E OS PILARES NOS REMETEM AO ROMÂNICO.

ou pós-moderna como querem alguns, já não quer e rejeita os ornamentos no sentido tradicional com que eles se apresentavam na arquitetura, ou seja, detalhes ornamentais de caráter simbólico. O ornamento, para o homem moderno, seria a própria forma global. Na verdade, o Modernismo tentou eliminar o ornamento mas o que ele conseguiu foi, de um certo modo, reforçar a falta de significado simbólico que o ornamento tradicional adquiriu, especialmente a partir do Ecletismo.

Uma das hipóteses desse estudo é que a forma moderna não mais foi ornamentada, ou só admitia ornamentos sem significado simbólico, porque o verdadeiro ornamento seria a própria forma. Cabe lembrar, como escreveu Venturi, que as "(...) formas características da arquitetura moderna tardia são freqüentemente exageradas, graças talvez aos meios escassos disponíveis das formas abstratas e elementos funcionais sem adornos".[10] A forma transforma-se em objeto, e perde também a escala tradicional da arquitetura (a mudança de escala é uma das características da arte contemporânea), ela perde o seu caráter tectônico. Um bom exemplo é pegar uma arquitetura do passado, uma catedral gótica, um templo grego ou um edifício romano, fazer uma redução de escala (uma maquete) e colocá-la sobre a mesa. Ela será sempre uma maquete, será nitidamente aquilo que

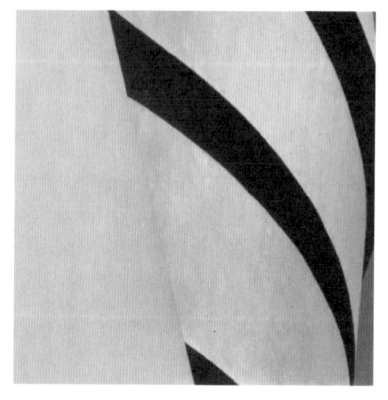

A   B

FIGURA 44 – O ABSTRATO NAS FORMAS MODERNAS: A – BASE DO EDIFÍCIO SEDE DA IBM (1983) NOVA YORK.

B – A ARQUITETURA COMO UMA COMPOSIÇÃO PICTÓRICA ABSTRATA: DETALHE DO MUSEU GUGGENHEIM (1956-59) NOVA YORK – FRANK LLOYD WRIGHT.

CONCLUSÃO: O ORNAMENTO MODERNO | 105

A

B

C

D

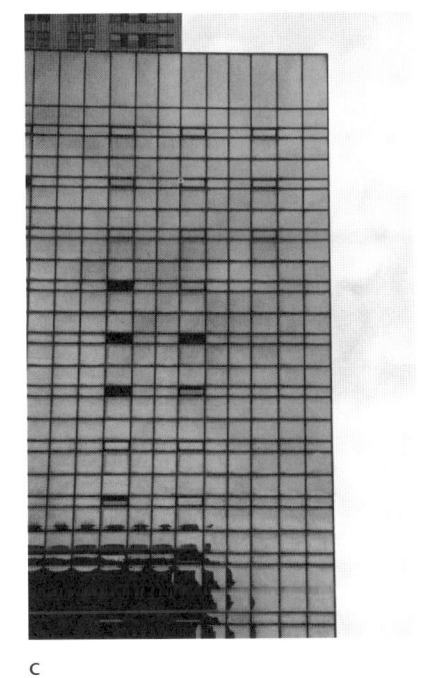

FIGURA 45 – A CAIXA DE VIDRO E A FORMA ABSTRATA.

A – EDIFÍCIO DE ESCRITÓRIOS EM LOS ANGELES.

B – PACIFIC DESIGN CENTER, LOS ANGELES (1972), CESAR PELLI.

C – EDIFÍCIO EM NOVA YORK.

D – EDIFÍCIO EM NOVA YORK.

é, uma redução em escala de um edifício, de uma obra de arquitetura. Alguns exemplos da arquitetura moderna ou contemporânea, ao contrário, não terão o mesmo efeito. Se o mesmo for feito com um edifício chamado caixa-de-vidro (no qual não se reconhecem os elementos tradicionais da arquitetura como a janela e a porta) teríamos sobre a mesa algo como um objeto utilitário como um vaso de flores ou uma jarra, ou apenas um objeto decorativo,[11] e não uma maquete. O mesmo se dá, por exemplo, com maior ou menor efeito, com o Museu de Arte Contemporânea de Niemeyer em Niterói ou com o Museu Guggenheim de Frank Ghery em Bilbao. Embora distanciados conceitualmente na sua classificação, eles são ornamentos em si e por isso prescindem de ornatos aplicados.

Por outro lado, é interessante observar que, muitas vezes, objetos utilitários com design moderno ou contemporâneo ganham formas tão inusitadas ou diferentes das tradicionais que se tornam pouco reconhecíveis.

FIGURA 46 – O MAC: EDIFÍCIO OU OBJETO, PROJETO DE ARQUITETURA OU DE DESIGN? MUSEU DE ARTE CONTEMPORÂNEA DE NITERÓI (1991), OSCAR NIEMEYER.

CONCLUSÃO: O ORNAMENTO MODERNO | 107

Figura 47 – O Museu Guggenheim de Bilbao: edifício ou objeto, projeto de arquitetura ou de design? Bilbao, Espanha (1992-97), Frank Ghery.

Eles acabam, em muitos casos, perdendo sua imagem arquetípica e transformando-se em simples formas ou objetos decorativos, aos quais se prefere colocar em uma estante do que utilizá-los no dia-a-dia. O objeto utilitário, ao tentar se transformar em obra de arte, acaba perdendo seu significado simbólico e seu valor de uso. A arquitetura, por sua vez, transforma-se em objeto ao abrir mão de suas referências arquetípicas.

O Modernismo inicia um processo de "desreconhecimento" da forma. Durante todo o processo de civilização, que durou milênios, a função agregada ao edifício (o seu lado utilitário ou funcional) fez com que elementos como portas, janelas e colunas ganhassem um significado e um reconhecimento formal, por mais diversas que pudessem ser suas representações (o mesmo se deu com a forma dos objetos utilitários). Depois, os edifícios projetados para um determinado fim foram ganhando formas e significados que se tornaram tão coesos que eles passaram a representar o uso que abrigavam. Assim, dentro de uma mesma cultura ou até mesmo em culturas diferentes, passou-se a reconhecer na forma dos edifícios a sua função ou uso, conferindo-se a elas um caráter arquetípico. Um templo era reconhecido como tal, uma igreja, um mercado, uma casa, um palácio, uma sede do poder oficial. Esse processo ganhou tanta expressão que se criou, no século XVIII, o termo *archittettura parlante*. Ele significava que uma arquitetura era boa quando ela "falava por si", quando se reconhecia na sua forma o uso a que se destinava. Ou seja, se exaltava a necessidade de um caráter de identidade simbólica nos edifícios. A arquitetura moderna também rompeu com esta tradição. Dificilmente se reconhece uma igreja moderna se dela tirarmos a cruz, o campanário ou qualquer outro signo de identificação. Muitas vezes não sabemos se um edifício é residencial ou de escritórios, se um museu é um restaurante ou qualquer outra coisa. Um bom exemplo desse fato é o museu Beaubourg de Piano&Rogers em Paris, que foi comparado a uma usina na época de sua construção. A falta de uma identidade é tão forte que, muitas vezes, não só não reconhecemos o uso do edifício, como também acreditamos que seu uso é um quando, na verdade, ele abriga outro completamente diverso. Esse fato se dá não só nas correntes funcionalistas mas também naquelas formalistas, o que denuncia a sua força dentro do ideário modernista.

FIGURA 48 – IGREJA DE SÃO JOSÉ, LAGOA, RIO DE JANEIRO (1960-64), EDGAR FONSECA. SEM OS SÍMBOLOS CRISTÃOS DIFICILMENTE CONSEGUIRÍAMOS IDENTIFICAR ESSE EDIFÍCIO COMO IGREJA.

Por outro lado, é interessante fazer a mesma experiência de reduzir a escala e colocar sobre a mesa com alguns outros exemplos do passado, como as pirâmides do Egito.[12] Por serem formas abstratas, destituídas de elementos que identifiquem o seu caráter de abrigo de atividades humanas, pode-se alterar em qualquer medida suas dimensões e elas serão sempre objetos e não edifícios. Isto não ocorre por falta de um significado simbólico, mas pela falta de identidade arquitetônica daquela obra. Na verdade, não se trata de um edifício propriamente dito, mas sim de um monumento funerário. O mesmo ocorre com as estátuas eqüestres, os obeliscos ou outra forma de monumentos comemorativos ou de significado religioso, os quais não são, portanto, edifícios no sentido próprio da palavra, ou seja, espaços para o abrigo de atividades humanas. Nesse ponto nos deparamos com um aspecto fundamental para nossa análise. Nas pirâmides, nem mesmo a atividade do culto existia e seus acessos eram fechados ao homem. É essencial na arquitetura estabelecer esta diferença: embora os monumentos possam estar na área de atuação dos arquitetos, eles não deveriam ser confundidos com os edifícios, locais para abrigar as diferentes atividades humanas, razão básica da arquitetura.

Por mais que se diferenciem as formas dos edifícios, o morar, o habitar, ação primordial do homem, criou identidades visuais nos elementos básicos do espaço destinado a esse fim.[13] São eles o piso, o teto, a cobertura, a passagem, a abertura de acesso ao ambiente (que pode apresentar ou não fechamento), o elemento de fechamento de um ambiente (a porta), a abertura para o exterior, para a luz e o ar (a janela), o elemento de apoio e vedação (a parede), o elemento de sustentação (que pode ser a parede ou o pilar), o elemento que permite subir ou descer (a escada ou rampa). São esses os elementos básicos do hábitat construído desde as mais remotas eras. Trata-se de elementos arquetípicos da arquitetura, que nem sempre são facilmente identificáveis nos edifícios modernos. Devemos, no entanto, deixar bem claro que essa observação não se apresenta imbuída de um juízo de valor. Não questionamos se o fato da arquitetura moderna ter se abstraído em parte desses elementos arquetípicos do morar seria em si bom ou ruim. O objetivo é tão somente considerar a problemática da forma. É preciso lembrar que, a partir das críticas feitas ao Modernismo pelo movimento pós-moderno, passamos a assimilar, quase que inconscientemente, alguns fatos como bons ou ruins, sem aprofundar o seu significado. Nesse caso é preciso, mais uma vez, despir-se de preconceitos ou juízos morais.

Todo o processo descrito de dissociação da forma na arquitetura moderna, seja pela negação do ornamento tradicional e de seu valor simbólico, seja pela desvinculação formal dos elementos tectônicos da edificação, acabou transformando, através da crescente abstração, a obra de arquitetura em objeto. Trata-se da transformação da edificação em ornamento, ponto de chegada de um longo processo de dessacralização da forma. É preciso mencionar que a observação desse fato foi percebida, possivelmente pela primeira vez, por Robert Venturi em seu livro *Learning from Las Vegas*, no qual ele afirma: "Quando os arquitetos modernos abandonaram, de modo justificado, o ornamento nos edifícios, eles projetaram inconscientemente prédios que eram ornamentos."[14] É preciso, contudo, esclarecer que esse processo não ocorre simultaneamente e necessariamente em todas as edificações modernas. Ele é uma tendência verificável especialmente em obras isoladas urbanisticamente, o que, por sua vez, é um aspecto característico do Modernismo.

Arquitetura X Imagem

A terceira hipótese sobre o motivo da negação do ornamento pela arquitetura moderna é aquela que se referencia ao problema da arquitetura como suporte e como imagem. Pode-se entender as edificações criadas, desde os templos gregos até o Ecletismo de fins do século XIX e início do século XX, como elementos simbólicos considerando o edifício como um todo, mas também como um suporte adequado para imagens e representações simbólicas do homem. A arquitetura é simultaneamente imagem e suporte para imagens criadas pelo homem. As paredes, especialmente nos templos, assim como na arquitetura pública e civil, serviram como suporte para imagens, sejam elas pictóricas ou escultóricas. Esse processo, aliás, nasceu ainda no primeiro abrigo conhecido do homem, as paredes das cavernas do paleolítico com suas pinturas rupestres. Desde então, as edificações passaram a funcionar também como suporte para esses elementos aplicados, que apesar de apresentarem uma origem simbólica, passam a desempenhar também um papel decorativo. É o caso das pinturas murais, afrescos, painéis em baixo e alto relevo, vitrais, mosaicos e grupos escultóricos ou esculturas isoladas.

A aplicação de elementos simbólicos na arquitetura não ocorre apenas nas paredes mas também nos pisos, nos tetos, nos telhados e mesmo os elementos estruturais funcionam como suporte para imagens. Em muitos casos houve uma contaminação entre o suporte e o elemento aplicado, produzindo uma fusão na qual já não se reconhece a diferença entre um e outro. Isso ocorre, por exemplo, nas colunas clássicas com seus capitéis, fustes e embasamentos, que transformam o elemento estrutural coluna num elemento quase escultórico, que adquire também um significado simbólico (vide figura 35). Esse processo é tão coeso que, na maioria dos casos, já não mais se dissocia o caráter simbólico daquele decorativo ou ornamental. Revela-se, nesse fato, a necessidade humana de ornamentar, ou melhor, de criar e representar imagens, muitas das quais nem mesmo ele conhece o significado. A necessidade de produzir e reproduzir imagens é inata ao homem e sua manifestação se dá a partir da escolha do material e do suporte adequados à sua criação e representação. A arquitetura dos primeiros tempos conferia inclusive um caráter de durabilidade a essas imagens, que outros suportes não apresentavam. Conferia também um caráter coletivo, pois suportes como os objetos utilitários ou cerimoniais tinham um sentido restrito como meios de divulgação dessas imagens. Assim, durante muito tempo a arquitetura funcionou como um dos melhores meios para a representação de imagens de caráter coletivo, imagens estas que apresentavam também um caráter de informação e de comunicação.

Durante o processo de evolução humana, novos e mais adequados suportes foram sendo criados para as imagens produzidas pelo homem. Algumas manifestações dessas imagens, que necessitam obrigatoriamente de um suporte, como a pintura, libertam-se das paredes e ganham suportes autônomos: surgem assim os quadros. O papel, por sua vez, alcança o status de um meio privilegiado como suporte, quando possibilitou a reprodução de imagens com a invenção da imprensa e da gravura. As imagens podiam, a partir de então, ganhar um caráter coletivo, sem depender apenas do edifício como um suporte. Sucessivamente, novos suportes foram sendo criados e a arquitetura foi perdendo o status privilegiado como local para o abrigo e como suporte para imagens de caráter coletivo. Nesse sentido, o século XIX e o início do século XX apresentam um papel de destaque. É nesse período que o termo "reprodução" alcança grande expressão, devido aos seguintes fatores, entre outros:

- Com a industrialização, o objeto utilitário ou decorativo perde o seu caráter artesanal e passa a ser produzido em série. A reprodução em massa impõe à sua forma um caráter coletivo. Por ser um objeto, ele é simultaneamente suporte para imagens e uma imagem criada pelo homem, reproduzida uma infinidade de vezes e com infinitas variações;
- A fotografia e o cinema permitiram uma maior rapidez na produção e divulgação de imagens. O cinema possibilitou, pela primeira vez, a

reprodução de imagens dinâmicas e sua divulgação em larga escala. Essas características de rapidez e dinamismo são antagônicas à arquitetura, cuja matéria é estática e necessita de um longo período para sua produção;
- O desenvolvimento de um mercado de consumo fez com que as imagens fossem utilizadas para vender produtos, criando a necessidade da propaganda em escala, com mobilidade e rapidez, o que não era possível com a utilização da arquitetura como suporte;
- A arquitetura era incapaz de acompanhar a velocidade da mudança de conceitos e tendências, alavancadas pela facilidade de reprodução e divulgação das idéias e do consumo.

Nesse mundo da velocidade, da transformação e da multiplicação feérica de imagens, a arquitetura perdeu o seu sentido de suporte e de meio para produção de imagens coletivas. Por isso, deslocada desse processo, de algum modo, ela deixa de apresentar uma de suas funções do passado e, em crise, joga-se numa guerra desesperada para manter seu status, perdendo-se em exageros e na profusão da aplicação de ornamentos: era o auge do Ecletismo. Nessa guerra a arquitetura não podia competir em igualdade de condições, estando condenada ao insucesso. A arquitetura veste-se e recobre-se de imagens (ou ornamentos), como também lança-se nos desvarios de criar imagens grandiosas e monumentais, cujo sentido não era mais a construção, objetivo precípuo de sua existência. O desenho e o projeto, instrumentos e meios para possibilitar a construção dos edifícios, ganham expressivamente, a partir do século XIX, um caráter de autonomia. Passam a ser valorizados independentemente da sua função e passam a competir e funcionar como meios de produção de imagens, cuja grandiosidade exagerada torna explícita a sua fraqueza. A *Académie des Beaux-Arts* e o *Prix de Rome* incentivaram a produção de imagens arquitetônicas grandiosas e eloqüentes, cuja finalidade não era mais a produção de edifícios, a construção, mas sim produzir uma frente de batalha na guerra das imagens, uma tentativa, possivelmente inconsciente, de evitar que a arquitetura perdesse, definitivamente, o seu status "sagrado" de suporte e elemento primordial na produção de imagens para o homem.

No contexto dessa guerra perdida, era natural que homens de visão procurassem corrigir o rumo que a arquitetura tomava. Era natural tam-

Figura 49 – O contraste entre a forma abstrata moderna e a forma tradicional dos edifícios.

A – Museu Guggenheim (1956-59), Nova York – Frank Lloyd Wright.

B – "The Tower" em Canary Wharf (1990), Londres.

A

B

bém que esta correção tivesse como alvo o meio ao qual se recorria para guerrear: o ornamento. Muitos motivos foram usados para justificar a condenação do ornamento arquitetônico, mas o real motivo teria sido trazer a arquitetura para o seu papel essencial e, simultaneamente criar uma nova imagem que, liberta do passado, justificasse a sua presença e sua importância no moderno mundo da produção de imagens. Esse objetivo, contudo, não teria sido necessariamente consciente, e este foi um dos grandes problemas do Modernismo. Percebeu-se que não se podia, nessa guerra, utilizar as armas tradicionais; não era mais possível competir pela primazia da arquitetura como suporte. Por outro lado, devia-se tirar partido do seu ponto fraco: a demora para se efetivar uma construção. O objetivo passa a ser, então, a criação de imagens tão inovadoras, inesperadas[15] e visualmente impactantes que justificassem sua presença, em superioridade ou igualdade de condições com as demais imagens produzidas pelo homem. A arquitetura assume assim estratégias de sobrevivência no mundo da produção feérica de imagens. Para tal, era preciso chocar, criar objetos que se destacassem na paisagem construída das cidades, romper com o passado, criar rupturas visuais que produzissem o inesperado em um mundo fascinado pela técnica, produzir o encantamento perdido, afirmar e fazer crer que era "a arquitetura ou a revolução",[16] estar em voga na mídia, produzir ícones, fazer autopropaganda do arquiteto e da arquitetura como agente transformador do mundo e, finalmente, era preciso ter consciência que "o moderno não era um estilo e sim uma causa".[17] Existe então, "(...) uma nova escala de paisagem. As associações filosóficas do velho Ecletismo evocavam significados sutis e complexos para serem saboreados nos espaços dóceis de uma paisagem tradicional". A imagem da arquitetura deveria se adequar ao "(...) marco vasto e complexo de uma nova paisagem de grandes espaços, altas velocidades e programas complexos".[18] Nem os mestres do Modernismo, nem os teóricos, tiveram consciência plena desse processo[19] e, por isso, voltaram-se inconscientemente contra o ornamento e nele concentraram o seu ataque. Era preciso deixar claro que a arquitetura não precisava mais do ornamento, pois, se ainda precisasse, ela estaria perdendo parte de seu valor. Fazendo uma correlação com a Las Vegas de Venturi, pode-se dizer que, no mundo moderno, "O símbolo domina o espaço. A arquitetura não é suficiente".[20]

A eliminação do ornamento na arquitetura moderna seria explicada assim pela perda de sentido em se manter a arquitetura como suporte para imagens de caráter coletivo, quando já se haviam criado muitos outros suportes mais eficazes para tal. Essa hipótese explicaria e justificaria a afirmação de Venturi de que "Os arquitetos modernos abandonaram uma tradição iconológica em que a pintura, a escultura e o grafismo se combinavam com a arquitetura. Os delicados hieróglifos sobre um arrojado pilone egípcio, as inscrições arquetípicas de uma arquitrave romana, as procissões em mosaico em Sant'Apollinare (...) todos contêm mensagens que vão além de sua contribuição ornamental ao espaço arquitetônico".[21] Supõe-se, portanto, que a escolha formal feita pelos modernistas era, de certo modo, vital para a arquitetura, pois era necessário alcançar novos significados e sentidos para ela. Esse foi um grande esforço dos modernistas e a crítica cabível a esse processo refere-se muito mais ao caráter radical de sua empreitada, caráter esse que foi ao mesmo tempo uma armadilha. Agora conscientes desse processo, é necessário rever alguns conceitos, avaliar métodos e processos e evitar os enganos cometidos em nome da defesa de uma "causa".[22] Longe de ser contraditória com as hipóteses anteriores que explicariam a negação do ornamento, essa terceira hipótese parece contudo a essência desse processo. A escolha de elementos substitutos para o ornamento era natural. Por outro lado, a transformação da arquitetura em ornamento ou em objeto, segunda hipótese formulada, era uma arma, uma estratégia, associada à terceira hipótese. Resta agora aprofundar essas idéias procurando melhor avaliá-las, submetendo-as, inclusive, às críticas e às contraposições.

GLOSSÁRIO

Abóbada:	Cobertura ou teto côncavo com pelo menos uma das seções curvas. **Abóbada pendente** é aquela formada através da interseção de várias abóbadas nervuradas em que uma das suas terminações não possui apoio vertical, ficando como que "pendurada". A abóbada pendente é característica da arquitetura gótica tardia.
Afresco:	Técnica de pintura mural na qual as tintas, usualmente diluídas em água, são aplicadas sobre o reboco ainda úmido, ficando, por isso, fortemente aderidas ao material de revestimento da parede.
Água do telhado:	Cada uma das superfícies planas e inclinadas que compõem um telhado. Ex.: telhado de duas águas, telhado de quatro águas etc.
Arco:	Elemento construtivo de forma curva, característico de construções de alvenaria, que serve para transferir as cargas que lhe são superiores para os seus apoios, permitindo a criação de vãos nas paredes ou o distanciamento dos apoios. O arco ogival é aquele cuja forma é obtida através de dois segmentos curvos que se interseccionam, formando um ângulo no seu trecho superior. Esse tipo de arco, também chamado de arco quebrado, é característico da arquitetura gótica.
Arco de triunfo	ou arco triunfal: Originalmente um monumento romano em forma de um pórtico erigido em comemoração à conquista de uma batalha ou uma guerra, para receber os vitoriosos, que por ele passavam em desfile.

Arquitrave:	Elemento da arquitetura clássica que corresponde à parte inferior de um entablamento, a qual se apóia diretamente sobre os capitéis das colunas.
Basílica:	Edificação usada para a administração pública pelos romanos, formada por um grande espaço coberto, de planta retangular, ladeado por espaços laterais longitudinais. Essa forma de edifício foi depois utilizada para abrigar as igrejas paleocristãs, passando então a denominar os grandes edifícios religiosos da cristandade destinados ao culto.
Bauhaus:	Escola de arquitetura e de arte industrial fundada em 1919 em Weimar, na Alemanha, por Walter Gropius, cujo objetivo era o desenvolvimento de objetos e construções projetados expressamente para a produção industrial mas que apresentassem um elevado padrão de qualidade. Pretendia levar a arte para os objetos do dia-a-dia e restabelecer o vínculo do artista criador com o mundo real do trabalho, opondo-se diametralmente à idéia da "arte pela arte". Foi um dos marcos fundadores da arquitetura e do design modernos.
Beaux-Arts:	Termo utilizado para denominar exemplares de arquitetura que seguem os preceitos da École Nationale Supérieure des Beaux-Arts, criada na França, por Napoleão, a partir da antiga Académie Royale d'Architecture. Esta escola serviu de modelo para a implantação do ensino de arquitetura em quase todo o mundo. Nela sistematizaram-se teorias, critérios projetuais e métodos compositivos amplamente utilizados no século XIX, que priorizam a arquitetura como arte, considerando-a "acima e além" dos valores meramente utilitários. Caracterizava-se também pelas referências e pelo estudo da arquitetura do passado, especialmente aquela da Antigüidade greco-romana.
Brutalismo:	Tendência da arquitetura moderna iniciada por Le Corbusier, em seus últimos trabalhos, e desenvolvida a partir de meados da década de 1950, em especial na Inglaterra

e depois em todo o mundo. Ela valoriza as características plásticas e expressivas do concreto bruto e aparente e, em muitos casos, deixa à mostra, propositalmente, as imperfeições e marcas das formas utilizadas na construção. O concreto passa a ser empregado então não apenas na estrutura, mas também em elementos de vedação, proteção ou simplesmente estéticos. O caráter "expressionista" dessa tendência permitiu também a valorização das instalações e equipamentos mecânicos empregados, muitas vezes, de modo aparente.

Capitel: Parte superior de uma coluna ou pilar, usualmente com características ornamentais, que serve de transição entre o trecho de parede ou o elemento horizontal que lhe é superior e ao qual sustenta, e o "corpo" propriamente dito da coluna ou pilar. Na arquitetura clássica a sua forma é o elemento característico e identificador da ordem à qual pertence. Ex.: capitel dórico, capitel jônico, capitel coríntio.

Claustro: Pátio fechado de conventos, mosteiros ou construções religiosas, geralmente de planta quadrada, circundado por galerias abertas, comumente formadas por arcadas.

Coluna: Elemento vertical de apoio, de caráter estrutural, com seção horizontal circular ou multifacetada. Diferencia-se do pilar porque este apresenta, obrigatoriamente, seção horizontal quadrada ou retangular. Por analogia denomina também os elementos de caráter apenas decorativo que reproduzem sua forma. Coluna adossada é aquela que se apresenta encostada ou engastada a um muro ou parede. Coluna torsa é aquela que apresenta o seu corpo (fuste) em forma torcida, de caráter helicoidal ou espiralado. Na arquitetura gótica é usual que as colunas da nave sejam formadas por um feixe de colunas que se interligam com as diversas nervuras que formam as arestas das abóbadas do teto.

Colunata:	Seqüência alinhada de colunas.
Coluneta:	Pequena coluna, geralmente de caráter decorativo.
Compósita	(ordem, coluna, capitel): A ordem compósita é de origem romana e caracteriza-se pelo capitel de mesmo nome. Nela se associam as volutas do capitel da ordem jônica com as folhagens de acanto do capitel da ordem coríntia, apresentando proporção similar a esta última.
Coríntia	(ordem, coluna, capitel): A ordem coríntia, de origem grega, é aquela que apresenta a proporção mais alta. Sua principal característica é o capitel em forma de campânula com duas filas superpostas de folhas de acanto.
Cornija:	Conjunto de molduras que formam a parte superior do entablamento clássico e projetam-se para fora do alinhamento da fachada da edificação, formando um beiral. Por extensão, denomina-se o conjunto de molduras que não conformam um entablamento mas apresentam características similares, sendo empregado no arremate superior das fachadas, sob beirais e mesmo no arremate do encontro de forros de teto com as paredes, em um ambiente interno.
Coro:	Local, dentro de uma igreja, onde se entoam os cânticos religiosos. Nas igrejas européias situa-se usualmente atrás do altar. Nas igrejas coloniais brasileiras localiza-se sobre a porta de acesso, sendo, por isso, denominado coro alto.
Cúpula:	Abóbada semi-esférica ou elipsoidal, cuja forma é gerada por um arco que gira em torno de um eixo central.
Dórica	(ordem, coluna, capitel): A ordem dórica é aquela que apresenta a proporção mais baixa e a maior singeleza ornamental dentre as ordens de origem grega. Suas características são o fuste canelado e um capitel relativamente simples. Usualmente sua coluna não apresenta base, apoiando-se diretamente no piso.

| **Entablamento:** | Conjunto de molduras horizontais situado acima das pilastras ou colunas de uma fachada que constitui um dos elementos compositivos da gramática da arquitetura clássica. Quando completo, subdivide-se em três partes: arquitrave, friso e cornija. |

| **Friso:** | Qualquer moldura em alto ou baixo-relevo, que apresenta-se contínua e é utilizada na composição das fachadas ou das superfícies internas. |

| **Frontão:** | Elemento triangular ou em arco de círculo situado na parte superior do edifício, sobre pórticos ou sobre portas e janelas. Originalmente, na arquitetura greco-romana, funcionava como um arremate para a empena de um telhado de duas águas. |

| **Fuste:** | O corpo da coluna ou a coluna propriamente dita. Trecho que situa-se entre o capitel e a base da coluna. Pode apresentar-se liso ou decorado. |

| **Gigante:** | Contraforte. Elemento vertical construído usualmente em pedra no exterior das paredes das naves de igrejas ou de ambientes com grande altura e teto em abóbada. Possui a função estrutural de absorver o empuxo lateral das cargas dos tetos, escorando as paredes que os sustentam. |

| **Jônica** | (ordem, coluna, capitel): A ordem jônica, de origem grega, é aquela que apresenta proporção vertical intermediária entre a dórica e a coríntia. Sua principal característica é o capitel formado por duas volutas. |

| **Leitmotiv:** | Termo alemão que significa "motivo principal", originalmente criado para designar um tema musical específico associado a um objeto, uma personagem ou uma emoção. Esse termo foi adaptado para a literatura, passando então a ser amplamente utilizado. O *leitmotiv* não é necessariamente um símbolo, embora possa sê-lo. |

Lintel:	Elemento estrutural horizontal que suporta a carga dos elementos que lhe são superiores. O mesmo que viga. Quando encima um vão de porta ou janela é também denominado de verga.
Mainel:	Elemento estrutural vertical que suporta um lintel ou viga. Elemento vertical de apoio. Pode se caracterizar como um pilar, pilastra, pilarete, coluna ou coluneta. Quando ladeia um vão de porta ou janela é também denominado de ombreira.
Modenatura:	Conjunto de molduras verticais e horizontais que compartimentam uma fachada ou as superfícies de uma construção para criar proporção, ritmo e harmonia entre as partes, funcionando como um elemento de controle da composição. O mesmo que modinatura.
Nave:	Espaço originalmente de planta retangular e de sentido longitudinal a partir do seu acesso, que conforma o maior ambiente de uma igreja, aquele destinado à assistência. É limitado lateralmente por paredes, arcadas e/ou por uma colunata. Quando apresenta ambientes laterais, geralmente mais baixos e longitudinais, estes são denominados de naves laterais.
Nervura:	Moldura de relevo acentuado existente na face interna das abóbadas, geralmente marcando as suas arestas, ou seja, a interseção das suas superfícies curvas.
Ordem:	Conjunto de elementos arquitetônicos relativamente padronizados da arquitetura clássica que define as proporções e o sistema compositivo de toda a edificação. É caracterizada pela coluna com seu capitel e sua base e pelo entablamento que a encima.
Paredes portantes:	São paredes que têm a função estrutural de suportar as cargas do teto e de todos os elementos superiores da constru-

ção. Na arquitetura moderna as paredes perderam essa característica e passaram a ter apenas a função de elementos de separação e vedação.

Pilastra: Pilar adossado a uma parede, dela sobressaindo com pouco relevo. Usualmente não apresenta função estrutural, pois a parede na qual se insere é que serve como elemento de apoio. Pilastras duplas são aquelas dispostas aos pares para produzir ritmo na composição.

Pitoresco: Termo que refere-se à pintura de paisagem no período em que era usual a inclusão, na composição, de elementos arquitetônicos alegóricos ou exóticos, especialmente ruínas greco-romanas. A partir daí passou a designar não só um tipo de pintura mais exuberante, como também qualquer paisagem ou lugar no qual se pode perceber algo de exótico ou artificial.

Planta: Projeção horizontal de um pavimento ou andar de uma edificação. Refere-se ao desenho de uma seção horizontal a cerca de 1,5 metro do piso para efeito de representação. É principalmente neste desenho que se indicam as dimensões necessárias à construção da edificação. Planta centrada é aquela cuja disposição da composição se faz a partir de um espaço central principal, não apresentando uma direção dominante. Usualmente é simétrica em relação aos eixos transversal e longitudinal, que nesse caso, são equivalentes. É característica de exemplos do Renascimento.

Proporção: Relação de equilíbrio e harmonia entre as partes de uma composição e de cada uma delas com o todo.

Revivalismo: Diz-se da tendência a reproduzir estilos do passado. O mesmo que historicismo.

Rocalha: Tipo de ornamento de mobiliário e arquitetura de interiores, inspirado em conchas e rochas, usualmente de forma assimétrica. É característico do estilo Rococó, também denominado de Luís XV.

SEZESSION:	Movimento artístico austríaco do final do século XIX e início do século XX, inspirado no Art-nouveau e que lançou as bases para a arquitetura moderna naquele país. Abrangeu também as artes aplicadas ou industriais.
TERMAS:	Construção de grandes proporções destinada ao banho público na Roma Antiga. Apresentava tanques ou piscinas cobertas, sendo uma delas com água aquecida, advindo provavelmente deste fato o seu nome.
TOSCANA	(ordem, coluna, capitel): A ordem toscana é uma ordem romana criada a partir da simplificação e suavização da ordem dórica. É aquela que apresenta proporcionalmente menor altura dentre as ordens greco-romanas. Caracteriza-se por geralmente apresentar o fuste liso.
TRATADO:	Quando se refere à arquitetura diz respeito às obras escritas e ilustradas, com ensinamentos sobre técnicas de projeto e construção, incluindo modelos de edificações e de seus principais elementos, comuns a partir do Renascimento e com caráter classicizante.
TRIBUNA:	Especificamente no que se refere à arquitetura gótica, é o termo usado para denominar a galeria sobre a nave lateral da igreja, aberta para a nave central através de arcadas.
TRIFÓRIO:	Galeria aberta sobre as tribunas e que apresenta três aberturas em cada vão ou intercolúnio, advindo daí o seu nome.
ZEITGEIST:	Termo alemão que significa "fantasma do tempo" ou "espírito do tempo" que caracteriza a essência, muitas vezes intangível, de um período histórico específico. Foi utiliza-

do na teoria da arquitetura moderna para justificar ou negar a adequação de um estilo às condições tecnológicas, sociais e culturais de sua época.

Zenital:	Diz-se da iluminação natural obtida a partir de aberturas nos tetos, seja diretamente ou de modo indireto.

ÍNDICE DOS ARQUITETOS CITADOS

ADOLF LOOS (1870-1933): Arquiteto austríaco precursor da arquitetura moderna. Esteve nos EUA entre 1893 e 1896, interessado em muitos dos aspectos da vida americana e, especialmente, no funcionalismo da Escola de Chicago. A partir do seu retorno escreve vários artigos defendendo o racionalismo arquitetônico e contra o movimento Sezession. Em 1906 cria um curso livre de arquitetura e, em 1908, publica "Ornamento e crime" seu ensaio mais radical sobre a necessidade da modernização e da eliminação do ornamento dos objetos do dia-a-dia e da arquitetura. Suas principais obras são: Vila Karma (1904), Kärntner Bar ou American Bar (1907), Edifício de habitação e lojas na Michaelerplatz (1910), Vila Steiner (1910). Esta casa apresenta um purismo de cunho racionalista que predominará no cenário internacional entre os anos 20 e 30 e influenciará, entre outros, seu amigo austríaco Richard Neutra, radicado nos EUA a partir de 1923. Outras importantes obras são: Casas Scheu e Horner (1912), Casa Rufer (1922), Conjunto Habitacional Otto Haas (1924), Casa para Tristan Tzara em Paris (1926), Casa Moller (1928) e Casas Müller (1930) e Winternitz (1932), ambas em Praga. Um dos seus projetos não construídos mais impactantes foi aquele para o concurso da sede do *Chicago Tribune* de 1922, no qual todo o edifício é concebido como uma gigantesca coluna dórica. Pode-se interpretar essa aparente contradição na obra de Loos como a aceitação natural de um dos caminhos que a arquitetura moderna tomaria ao adquirir um caráter escultórico que transforma o edifício em um objeto, ou mesmo em um grande ornamento.

ALBERTI (LEON BATTISTA ALBERTI, 1404-1472): Arquiteto, teórico, escritor e humanista italiano do Renascimento. Nos seus escritos exaltou o papel do artista, enalteceu a arte de seu tempo e divulgou os princípios da perspectiva linear. Uma de suas mais importantes obras é o tratado *De re aedificatoria* de 1452, publicado em 1485. Nele Alberti define sistemas de proporção e vincula a composição dos edifícios a três tipos de relações: aritméticas, geométricas e musicais. Dentre seus principais projetos estão o Templo Malatestiano em Rimini (1446-1455), o Palácio Rucellai (1446-1451) e a fachada da igreja de Santa Maria Novella (1456-1470), ambos em Florença, e a igreja de Sant' Andrea em Mântua (1472).

BRUNELLESCHI (FILLIPPO BRUNELLESCHI, 1377-1446): Arquiteto e escultor italiano, foi um dos iniciadores do Renascimento. Alcançou grande reconhecimento pelo projeto da gigantesca cúpula da catedral de Florença, a partir de um concurso ganho em 1418. Em 1421 inicia uma de suas mais famosas obras, o pórtico do Hospital dos Inocentes, na mesma cidade, associando pela primeira vez uma colunata a arcos de meio ponto que se apóiam diretamente e de forma isolada sobre as colunas. Suas obras-mestras como a velha sacristia de San Lorenzo (1420-1428), a reforma da nave desta mesma igreja (1421-1428) e a Capela Pazzi (a partir de 1430), todas em Florença, revelam o domínio da composição das superfícies a partir da sua compartimentação por molduras e elementos clássicos, estratégia que vai se configurar como um dos mais importantes esquemas compositivos da arquitetura do Renascimento.

FRANK GHERY (EPHRAIM GOLDBERG – 1929): Arquiteto americano, nascido no Canadá, um dos maiores expoentes da corrente denominada desconstrutivismo. Começou a destacar-se no cenário arquitetônico nos anos 1970 pela utilização inusitada de materiais industriais, tais como chapas industriais de madeira, chapas onduladas e telas metálicas em seus projetos que, a partir dos anos 80, assumem, cada vez mais, um caráter escultórico. Seu trabalho muitas vezes utiliza as qualidades do "inacabado" como parte da concepção do projeto. Segundo suas próprias palavras, "Eu abordo o projeto de cada edifício como um objeto escultórico, um contêiner espacial, um espaço com luz e ar, uma resposta ao contexto e adequação ao sentimento e ao espírito". Em 1989 ganhou o prêmio Priztker. Entre suas obras mais importantes estão: Casa Ghery (1979-1987), Museu Aeroespacial da Califórnia (1982-84), Edifício Chiat/Day Office (1984-91); Casa Schnabel (1986-89); American Center em Paris (1988); Museu da Universidade de Toledo – Ohio (1990-92), Edifício "Fred e Ginger" em Praga (1992-96); Museu Guggenheim de Bilbao (1992-97), Walt Disney Concert Hall (1989-2004). O museu de Bilbao tornou-se um ícone da arquitetura contemporânea.

GIULIO ROMANO (GIULIO PIPI DE'JANUZZI, CHAMADO GIULIO ROMANO – 1492-1546):	Arquiteto italiano que alcançou grande prestígio como pintor e decorador. Projetou o plano urbano e a catedral de Mântua, mas sua obra mais conhecida é o "Palacio del Té" (1524-1530), no qual introduz elementos que ironizam as ordens clássicas, sendo por isso e pela força das suas rusticações, considerado uma obra-prima do Maneirismo. A arquitetura de Mântua, na qual vários edifícios têm a sua participação direta ou indireta, serviu de inspiração para Serlio e Palladio. Vignola, por sua vez, inspirou-se claramente no Palácio del Té em uma de suas obras em Bolonha. Esses fatos confirmam a importância e o vigor das obra de Giulio Romano.
JOSEF HOFFMANN (1870-1956):	Arquiteto austríaco, discípulo de Otto Wagner e fundador, junto com ele e Joseph Maria Olbrich, do movimento denominado Wiener Sezession, que introduziu as idéias do Modernismo na Áustria, embora ainda guardasse resquícios ornamentais do Art-nouveau. Em seus projetos procurou reduzir a ornamentação à sua expressão mais simples, utilizando-a de um modo muito pessoal e com grande originalidade para decompor volumes e criar variações de escala. Fundou em 1903, junto com Koloman Moser, ateliers dedicados ao desenvolvimento de objetos utilitários com design moderno, que ficaram mundialmente famosos: os

Wiener Werkstätte. Seu projeto para o sanatório de Pukersdorf (1903) antecipou, em muitos anos, as características racionalistas da arquitetura moderna e o Palácio Stoclet (1905-1911), em Bruxelas, é considerado a sua obra-prima.

LE CORBUSIER (CHARLES-ÉDOUARD JEANNERET 1887-1965): Arquiteto francês de origem suíça, foi também pintor. Antes de se estabelecer em Paris, em 1917, teve contato com vários arquitetos precursores do Modernismo. Embora sua formação tenha sido autodidata, possuía uma elevada cultura técnica e humana, o que possibilitou a sua transformação num dos principais artífices mundiais do Modernismo, palavra que se confunde com o seu nome. Publicou artigos e livros que foram verdadeiros manifestos da arquitetura moderna e criou os conceitos da habitação como a "máquina de morar" e o da "habitação social". Teve presença marcante nos CIAM (Congressos Internacionais de Arquitetura Moderna), sendo o principal redator da "Carta de Atenas", de 1934, na qual se definiram os padrões do urbanismo e das edificações modernas. Criou um sistema próprio de proporções para as edificações baseado nas dimensões humanas denominado Modulor. Seus projetos tinham um caráter mais racionalista e, a partir de 1950, ganham uma tendência mais formalista. Entre suas principais obras pode-se citar: Pavilhão de L'Esprit Nouveau (1925), Plan Voisin (1925), Ville Savoye (1929), Exército da Salvação em Paris (1931-32), participou do processo de criação do Ministério da Educação no Rio de Janeiro em 1936, Unidade de Habitação de Marselha (1947-52), Plano de Chandigarh (1950-56), Capela de Ronchamp (1950-55), Convento de La Tourette (1957-59), Casas Jaoul (1953-55), Museu de Arte de Tóquio (1957), Pavilhão do Brasil na Cidade Universitária de Paris (com Lúcio Costa, 1959), Carpenter Center em Harvard (1963).

LOUIS KAHN (1901-1974): Arquiteto americano cujas obras, de caráter muito particular, caracterizam-se especialmente pelo estudo da incidência da luz. Com seus edifícios de concreto armado critica as soluções "frias" de Gropius e Mies que levaram à criação do estilo internacional, no qual uma das principais características é a fachada-cortina ("curtain-wall"). Repele soluções standard e procura relacionar os seus edifícios com o contexto no qual se inserem. Suas principais obras são: Casa Weiss (1948), casa Adler (1954), casa Fisher (1960), Galeria de Arte da Universidade de Yale (1951-53), Balneário de Trenton (1954-59), Richards Medical Center (1957-61), Laboratórios Salk (1959-65), Alojamento para estudantes em Bryn Mawr (1960-65), Instituto Hindu em Ahmedabad (1963), Biblioteca Exeter (1967-72), Kimbell Art Center (1967-72), Centro Wolffson em Tel Aviv (1968), Centro Governamental de Dacca (1962-73), Projeto da cidade de Islamabad (1965) e, com Kenzo Tange, o projeto do novo centro administrativo de Abbasabad (1974).

LOUIS SULLIVAN (LOUIS HENRY SULLIVAN, 1856-1924): Arquiteto americano, principal expoente da Escola de Chicago. Cursou a Escola de Belas-Artes de Paris entre 1874 e 1878, após ter estudado e trabalhado nos EUA. Na sua volta à América se associa a Adler, de 1881 a 1895, em Chicago. Frank Loyd Wrigth trabalhou com ele, tendo recebido grande parte de suas influências. Sullivan publica dois importantes livros nos quais expõe suas idéias: *Kindergarten Chats* (1901) e *Autobiography of an idea* (1922). Sua obra construída apresenta como características básicas a ênfase na verticalidade, na austeridade e no funcionalismo, mas reconhece o valor da expressão individual do artista. Suas principais obras são: Auditorium Building (1886-90), Wainwright Building (1890-91), Schiller Building (1892), Guaranty Trust Building ((1894-95), Prudential Building (1895). O Gage Building (1898) e o Edifício para as lojas Carson, Pirie & Scott (1899-1904), ambos em Chicago são de sua autoria apenas.

MICHELANGELO (MICHELANGELO BUONAROTI, 1475-1564): Arquiteto, poeta, pintor e, especialmente, escultor italiano, um dos maiores artistas do Renascimento. Sua obra prima pela monumentalidade e pelo vigor, traduzido por volumes de grande expressão, provável influência de sua atividade como escultor. Michelangelo considerava-se, antes de tudo, um escultor e sua obra arquitetônica pode ser considerada em parte maneirista e, em parte, precursora do Barroco. Os interiores da Capela Medici e a Biblioteca Laurentiana em Florença (1524), especialmente esta última, caracterizam-se pelo contraste entre a coloração escura dos principais elementos compositivos e o paramento claro. Nesta última, fica claro que Michelangelo estava muito mais interessado na força plástica da composição do que em seguir uma lógica compositiva clássica. Em Roma destacam-se a praça e o conjunto de edifícios do Capitólio, nos quais inaugura a utilização da ordem colossal, com a coluna clássica vencendo mais de um pavimento conjugada a uma ordem menor. Neste conjunto aparece também com grande destaque o papel cenográfico da composição, característica típica do Barroco. Foi também arquiteto da Basílica de São Pedro entre 1546 e 1561, responsável pela planta em cruz grega, depois alongada, pela cúpula e pelas fachadas laterais e posterior, nas quais se verificam, mais uma vez, a monumentalidade e o vigor plástico dos elementos compositivos.

MICHELOZZO (MICHELOZZO DI BARTOLOMEO MICHELOZZI, 1396-1472):	Arquiteto e escultor italiano que ainda projetava a partir da tradição medieval, embora renovando-a através das influências das obras de Brunelleschi e de Alberti. Entre suas principais obras em Florença estão o Convento de San Marco (a partir de 1437) e o Palazzo Medici-Ricardi (1444-1459).
MIES VAN DER ROHE (LUDWIG, 1886-1969):	Um dos grandes mestres da arquitetura moderna, sua obra caracteriza-se por um grande rigor formal e elevado grau de racionalismo. Em 1920 já elabora projetos teóricos de edifícios em aço com fachadas totalmente envidraçadas. De 1926 a 1932 dirige a Deutscher Werkbund, realizando um novo bairro residencial com construções projetadas pelos principais arquitetos modernos do período, o Weissenhof Siedlung, de 1927. Dois anos depois projeta o famoso pavilhão da Alemanha na exposição Internacional de Barce-

lona, no qual leva ao limite o seu esquema de composição da planta e do espaço através de planos ortogonais independentes formados por painéis cegos ou envidraçados. Esse pavilhão configura-se como a própria tradução do seu lema "menos é mais" (less is more). Dirige a Bauhaus de 1930 a 32, quando então é fechada pelo nazismo. Em 1938 deixa a Alemanha e, em Chicago, passa a dirigir a Escola de Arquitetura do Politécnico de Illinois até 1958, na qual projeta vários edifícios. Seu primeiro arranha-céu de aço e vidro construído é o complexo residencial Lake Shore Drive de 1948-51. Entre 1945-50 projeta a Casa Farnsworth, totalmente envidraçada e suspensa do chão em meio à paisagem, que torna-se uma referência mundial. Após os altos edifícios residenciais, passa a projetar, dentro do mesmo sistema chamado "cortina de vidro", edifícios para empresas como o Seagran Building em Nova York (1948-58), a sede da Bacardi no México (1957-61), o Chicago Federal Center (1959-64), a sede da IBM em Chicago (1967-69), o edifício de escritórios East Waker Drive (1967-70) entre diversos outros. Fez ainda o Museu de Arte de Berlim (1962-68), seu primeiro projeto na Alemanha depois da guerra.

OSCAR NIEMEYER (1907): Arquiteto carioca. Sua obra apresenta um caráter escultórico e de valorização das linhas e superfícies curvas, tirando partido da plasticidade da técnica do concreto armado. Quando obteve o prêmio Pritzker de arquitetura em 1988, recebeu a seguinte descrição pelo júri: "Há um momento na história de um povo em que um indivíduo captura a essência da sua cultura e lhe dá forma. Algumas vezes isso ocorre na música, pintura, escultura ou literatura. No Brasil, Oscar Niemeyer capturou essa essência com a sua arquitetura. O desenho de seus edifícios são destilações das cores, da luz e da imagem sensual de sua terra natal." Trabalhou com Lúcio Costa, participando da equipe de projeto do Ministério da Educação no Rio (1936), quando conheceu Le Corbusier. Em 1940 conheceu o então prefeito de Belo Horizonte, sendo convidado a projetar o complexo de edifícios da Pampulha, que marca definitivamente o seu nome como um dos principais arquitetos do país. Desde então seu nome ganha cada vez mais expressão sendo convidado em 1947 a participar da equipe que projetou a sede da ONU em Nova York, e tendo a sua obra publicada nos EUA em 1950. A partir do exílio na França em 1967, passa a fazer projetos para diferentes países. Em 1998, dez anos após receber o prêmio Pritzker, ganha a Royal Gold Medal do Royal Institute of Britsh Architects. Suas principais obras são, além das já citadas: Obra do Berço (1937); Pavilhão do Brasil na Feira Mundial de Nova York (com Lúcio Costa – 1939); Parque do Ibirapuera e Edifício Copan (1951); Casa das Canoas (1952), Principais edifícios públicos de Brasília (1957-62); Editora Mondadori na Itália (1968); Diversos projetos na Argélia (1968-69); Sede do Partido Comunista Francês (1967), Hotel Nacional (1968); Bolsa do Trabalho de Bobgny (1972); Sambódromo (1983); CIEPS (1984), Memorial da América Latina (1987); Museu de Arte Contemporânea de Niterói (1991); Serpentine Galery em Londres (2004).

Piano & Rogers (Renzo Piano – 1937, Richard Rogers – 1933): Associação do arquiteto italiano Renzo Piano com o inglês Richard Rogers, criada em 1970 e encerrada em 1977. Juntos projetaram diversos edifícios na Itália e na Inglaterra, mas o mais famoso deles foi o Centro Georges Pompidou, também conhecido como Beaubourg, em Paris (1972-76), fruto de um concurso internacional. Foi idealizado como uma metáfora da "máquina cultural", e representa o maior exemplo da tendência arquitetônica denominada "High-Tech", que estabelece a tecnologia como um dos pontos de partida do projeto. Renzo Piano ganhou o prêmio Pritzker em 1998.

Robert Venturi (1925): Arquiteto e teórico americano que, através de suas críticas e ensaios, foi considerado aquele "que salvou a arquitetura moderna dela mesma". Seu primeiro livro foi *Comple-*

xidade e contradição na arquitetura, de 1966, no qual manifesta o valor de uma arquitetura que promova a riqueza e a ambigüidade contra a unidade e a clareza, que reforce a contradição e a redundância em vez da harmonia e da simplicidade. Criou o lema "menos é chato" (less is bore), contrapondo o lema modernista de Mies "menos é mais" (less is more) procurando, assim, evitar o simplismo a que teria chegado a arquitetura moderna. Ele não aceita o rótulo de pós-modernista que comumente lhe é dado e declara-se praticante da arquitetura moderna que, segundo ele, quase sempre estava certa. Em 1972 escreve, com sua mulher e Steven Izenour, "Aprendendo com Las Vegas", teorizando sobre o caráter simbólico da arquitetura. Suas mais importantes obras são: casa Vanna Venturi (1964), Guild House (1966), Casa Tucker (1975), Franklin Court (1976), Gordon Wu Hall (1983), Pavilhão dos EUA em Sevilha (1989/92), Ampliação da National Gallery de Londres (1991), Seattle Art Museum (1991), Museum of Contemporary Art de San Diego (1996), Centro Administrativo do Depto. de la Haute-Garône (1999).

SEBASTIANO SERLIO (1475-1554): Arquiteto italiano, um dos responsáveis pela difusão na França do Renascimento Italiano. Discípulo de Baldassare Peruzzi, projetou poucas obras mas escreveu vários livros que compõem o seu tratado, um dos primeiros do Renascimento e de grande repercussão. O Quarto e o Terceiro livros foram publicados pela primeira vez em Veneza em 1537 e 1540 respectivamente. O Primeiro, o Segundo e o Quinto, dedicados à geometria, à perspectiva e aos templos, foram publicados em Paris em 1545 e 1547. Um livro "extraordinário" sobre portas aparece em Lyon em 1551 e o Sexto, não publicado, versa sobre a arquitetura residencial. O Sétimo livro foi publicado após a sua morte, em 1575 em Frankfurt, e o Oitavo, provavelmente sobre arquitetura militar, também não chegou a ser publicado.

NOTAS

Introdução

1. *"Por caminhos diferentes, o eclipse da história desencadeado pelo funcionalismo se prolonga no Pós-Moderno."* Com isso Brandão mostra que, enquanto o Modernismo rejeitou a história, o Pós-Modernismo a utiliza como um instrumento destituído de significado, uma *"(...)prática revivalista que esvazia a arquitetura de sentido"*. BRANDÃO, Carlos Antônio Leite. *A formação do homem moderno vista através da arquitetura.* p. 22.

2. Moacyr Laterza, no Prefácio da obra de C. A. Leite Brandão, comenta: *"A consentida ambigüidade de termos como Modernidade, Idade Moderna, Homem Moderno, Arte Moderna, Pós-Moderno permite-nos não restar apenas no campo da mera cronologia, ora fixada no período que se segue imediatamente ao medievo, ora apontada para o complexo cultural mais contemporâneo (fim do século XIX, começo do século XX e a atualidade)."* BRANDÃO, Carlos Antônio Leite. Op. cit. p. 15.

Capítulo 1

1. FERREIRA, Aurélio Buarque de Holanda. *Novo Dicionário Aurélio.* p. 167.

2. Nesta parte do trabalho utilizamos as definições da psicologia analítica constantes na obra "O homem e seus símbolos". Assim, as citações feitas não são necessariamente de Jung, mas, muitas vezes, escritas por seus colaboradores. Contudo, como eles se referem aos conceitos da obra de Jung, é a ele que fazemos referência no texto.

3. JUNG, Carl G. (org.). *O homem e seus símbolos.* p. 67.

4. Idem, ibidem, p. 69.

5. Idem, ibidem, p. 79.

6. Idem, ibidem, p. 304.

7. BRANDÃO, Carlos Antônio Leite. *A formação do homem moderno vista através da arquitetura.* pp. 27, 28.

8. Segundo C. A.. Brandão o arquiteto *"(...) documenta, nas suas obras, os problemas mais fundamentais colocados pela humanidade em um determinado momento histórico e é desta relação, entre ele e a sociedade, que depende o sucesso e o valor histórico do edifício"*. Idem, ibidem, pp. 27, 28.

9. HAAR, Michel. *A obra de arte – ensaio sobre a ontologia das obras.* p. 6.

10. A obra de arte é a concretização de um "objeto intermediário", resultado do encontro de valores – filosóficos, científicos, religiosos, éticos e estéticos – que por ela são

conservados, comunicados e tornados comuns. (...) Como diz Heidegger, a obra de arte "realiza a abertura de um mundo, mantendo-o permanentemente presente". BRANDÃO, Carlos Antônio Leite. Op. cit. pp. 26, 27.

11. Idem, ibidem, p. 25.
12. ROTHGEB, Carrie Lee (Coord.). *Carl G. Jung – chaves-resumo das obras completas.* p. 250.
13. Idem, ibidem, p. 75.
14. Idem, ibidem, p. 76.
15. Idem, ibidem, p. 57.
16. Essa afirmação pertence ao texto "Ornamento e educação" de 1924. Ver LOOS, Adolf. *Adolf Loos:* Op. cit. p. 20.
17. Idem, ibidem, p. 20.
18. ROTHGEB, Carrie Lee (Coord.). Op. cit. p. 304.

Capítulo 2

1. STIERLIN, Henri. *A Grécia: de Micenas ao Parthenon.* pp. 42-48.
2. SUMMERSON, John. *A linguagem clássica da arquitetura.* p. 10.
3. Idem, ibidem, pp. 21, 22.
4. Os gregos chegaram a utilizar, algumas vezes, duas ordens num mesmo edifício, uma no interior e outra no exterior. Esta última contudo, definia o caráter da construção.
5. UPJOHN, Everard M. et al. Op. cit. Vol. 2, p. 132.
6. Idem, ibidem, vol. 2, p. 102.
7. VENTURI, Robert et al. *Aprendendo com Las Vegas.* p. 209.
8. UPJOHN, Everard M. et al. Op. cit. Vol. 2, p. 211.
9. Idem, ibidem, Vol. 3, p. 112.
10. Idem, ibidem, Vol. 3, p. 110.
11. BRANDÃO, Carlos Antônio Leite. *Introdução ao Maneirismo e ao Barroco.*
12. Idem, ibidem.
13. ALVIM, Sandra. *Arquitetura religiosa colonial do Rio de Janeiro.*
14. ALVIM, Sandra. *Arquitetura religiosa colonial no Rio de Janeiro*, vol. 1, pp. 131-159.
15. ROCHA-PEIXOTO, Gustavo. Introdução ao Neoclassicismo na Arquitetura do Rio de Janeiro In: *Guia da arquitetura colonial, neoclássica e romântica no Rio de Janeiro.* p. 25.
16. O tema da floresta sagrada estava presente, inclusive, na origem dos templos gregos, embora, nesse período possivelmente, não se dispusesse dessa informação.
17. Utilizou-se o termo Pré-Modernismo para designar as diversas correntes ou tendências arquitetônicas existentes no período entre a fase final do Ecletismo e o início "consciente" do Modernismo. Evitou-se o termo "Protomodernismo" por ele estar vin-

culado necessariamente a tendências que já incluíam preceitos ou aspectos formais do modernismo nos edifícios, apesar dos mesmos não poderem ser considerados ainda modernistas.

18. IBELINGS, Hans. *Supermodernismo: arquitectura en la era de la globalizacion.*

Capítulo 3

1. Esta é uma frase emblemática usada por Le Corbusier em seu livro-manifesto. CORBUSIER, Le. *Por uma arquitetura*. p. 205.
2. "Donald Drew Egberg, numa análise dos trabalhos que concorriam (...) ao Prix de Rome da École des Beaux Arts (...) chamou de funcionalismo, via associação, a manifestação simbólica do funcionalismo que precedeu o funcionalismo substantivo que estava na base do movimento modernista: a imagem precedia a substância." VENTURI, Robert et al. *Aprendendo com Las Vegas*. p. 144.
3. VENTURI, Robert et al. Op. cit. p. 27.

Capítulo 4

1. PAIM, Gilberto. *A beleza sob suspeita – o ornamento em Ruskin, Lloyd Wright, Loos, Le Corbusier e outros.* p. 9.
2. O texto deste trecho do livro baseia-se na leitura da coletânea dos artigos publicados em espanhol sob o título: *Adolf Loos: Ornamento y delito y otros escritos.*
3. Die Chicago Tribune Column, 1922. In: *Adolf Loos:* Op. cit. p. 261.
4. Hands off, 1917. In:Idem, ibidem, pp. 88, 89.
5. Der Lederwaren und Gold und Silberschmiedekunst, 1898. In: Idem, ibidem, p. 93.
6. PAIM, Gilberto. Op. cit. pp. 73, 74.
7. Glas und Ton, 1898. In: *Adolf Loos:* Op. cit. p. 100. (Trad. do autor)
8. Das Sitzmöbel, 1898. In: Idem, ibidem, p. 137. (Trad. do autor)
9. Der Sattlermeister, 1903. In: Idem, ibidem, p. 91. (Trad. do autor)
10. Regeln für den, der in den Bergen baut, 1913. In: Idem, ibidem, p. 232. (Trad. do autor)
11. Kulturentartung, 1908. In: Idem, ibidem, p. 120. (Trad. do autor)
12. Ornament und Verbrechen, 1908. In: Idem, ibidem, p. 47. (Trad. do autor)
13. Der Indianerstandpunkt, 1898. In: Idem, ibidem, p. 42. (Trad. do autor)
14. Der Indianerstandpunkt, 1898. In: Idem, ibidem, p. 42.
15. Architektur, 1910. In: Idem, ibidem, pp. 222, 223. (Trad. do autor)
16. Esse termo foi criado por Le Corbusier em 1924 para defender a necessidade de se implantar a arquitetura moderna nas construções e na cidade, pois só este fato poderia evitar a revolução. CORBUSIER, Le. *Por uma arquitetura*. p. 250.

17. Kultur, 1908. In: LOOS, Adolf. *Adolf Loos:* Op. cit. p. 36. (Trad. do autor)

18. Das Sitzmöbel, 1898. In: Idem, ibidem, p. 138. (Trad. do autor)

19. Die alte und die neue Richtung in der Baukunst, 1898. In: Idem, ibidem, p. 205. (Trad. do autor)

20. Ornament und Verbrechen, 1908. In: Idem, ibidem, p. 44. (Trad. do autor)

21. Ornament und Verbrechen, 1908. In: Idem, ibidem, p. 47.

22. Ornament und Verbrechen, 1908. In: Idem, ibidem, p. 45.

23. Ornament und Verbrechen, 1908. In: Idem, ibidem, p. 46.

24. Ver especialmente o artigo "Die Plumber". Idem, ibidem, pp. 108-112.

25. Ornament und Verbrechen, 1908. In: Idem, ibidem, p. 48.

26. Ornament und Verbrechen, 1908. In: Idem, ibidem, pp. 49, 50-52, 53.

27. UNRAU, John. *Looking at Architecture with Ruskin.* p. 13. (Trad. do autor)

28. PAIM, Gilberto. Op. cit. pp. 28, 29.

29. Idem, ibidem, p. 30.

30. Frase extraída do artigo "Form and Function" de Louis Sullivan publicado no livro *Kindergarten Chats and Other Writtings.*

31. PAIM, Gilberto. Op. cit. p. 53.

32. Idem, ibidem, pp. 53,54.

33. Idem, ibidem, p. 55.

34. PEVSNER, Nikolaus. *Os pioneiros do desenho moderno: de William Morris a Walter Gropius.* pp. 33, 34.

Conclusão

1. *"A preocupação desses arquitetos com o espaço, considerando a qualidade arquitetônica, fez com que lessem os edifícios como formas, as praças como espaço e os elementos gráficos e esculturais como cor, textura e escala. O conjunto tornava-se uma expressão abstrata da arquitetura na década do expressionismo abstrato na pintura."* VENTURI, Robert et al. Op. cit. p. 135.

2. *"Depois, o béton brut se tornou um estilo (...) com um vocabulário de formas, para não mencionar um sistema explícito de proporções, o Modulor, tão preciso quanto o das ordens renascentistas."* Idem, ibidem, p. 193.

3. Idem, ibidem, p. 182.

4. *Paim bem descreve esse processo no qual o Modernismo utilizou elementos ornamentais sem denominá-los com tal.* PAIM, Gilberto. Op. cit. p. 74.

5. VENTURI, Robert et al. Op. cit. p. 132.

6. Falando do período que vai de meados do século XIX a meados do século XX Paim menciona: *"Não seria exagerado afirmar que a intensa tematização do ornamento no período que estudamos mergulhou quase por completo no inconsciente das idéias modernas."* PAIM, Gilberto. Op. cit. p. 37.

7. A obra arquitetônica é considerada por muitos teóricos modernos como um "objeto arquitetônico".

8. *"Quando os sistemas arquitetônicos de espaço, estrutura e programa são submersos e distorcidos por uma forma simbólica global, chamamos este tipo de edifício, que se converte em escultura, de 'duck' (...)."* VENTURI, Robert et al. Op. cit. p. 118.

9. Idem, ibidem, p. 203.

10. Idem, ibidem, p. 182.

11. Esse efeito foi exemplificado de modo inverso por Leon Krier, quando ele transforma um vaso de flores originalmente desenhado por Alvar Aalto em um teatro ou um museu. Ver as interessantes ilustrações de seu livro, especialmente aquela na qual compara "Nameable objects" com "So-called objects". KRIER, Leon. *Leon Krier: houses, palaces, cities*, p. 108.

12. Embora se tenha esclarecido que esse trabalho trata apenas da questão da arquitetura ocidental, ou seja, daquela construída a partir da civilização grega no Ocidente, utilizou-se aqui uma referência ao Egito, apenas pelo seu valor didático, para facilitar a compreensão das idéias expostas.

13. *"Com muita argúcia, e no apogeu do funcionalismo, Heidegger percebia que a verdadeira crise da arquitetura (...) era (...) uma crise do sentido do habitar (...): Já não aprendemos a habitação como se fosse o ser do homem; e menos ainda pensamos a habitação como traço fundamental da condição humana. É preciso, antes de tudo, aprender a habitar."* BRANDÃO, Carlos Antônio Leite. *A formação do homem moderno vista através da arquitetura*. p. 23.

14. VENTURI, Robert et al. Op. cit. p. 203.

15. *"Os arquitetos modernos trabalham por analogia, símbolo e imagem, e embora tenham se esforçado para desqualificar quase todos os determinantes de suas formas, exceto a necessidade estrutural e o programa, derivam insights, analogias e estímulos de imagens inesperadas."* VENTURI, Robert et al. Op. cit. p. 27.

16. Esse termo foi criado por Le Corbusier em 1924 para defender a necessidade de se implantar a arquitetura moderna nas construções e na cidade, pois só este fato poderia evitar a revolução. CORBUSIER, Le. *Por uma arquitetura*. p. 250.

17. "Quando o moderno não era um estilo e sim uma causa" é o título do livro de Anatole Kopp, de 1985/86, no qual tenta defender a causa da arquitetura moderna como uma causa política, criando, mais uma vez, justificativas morais, portanto externas à arquitetura, para a expressão formal moderna.

18. VENTURI, Robert et al. Op. cit. p. 33.

19. *"Nosso argumento é que esse conteúdo* (o da arquitetura moderna) *não flui inevitavelmente da solução de problemas funcionais, mas surgiu das preferências iconográficas não explicadas dos arquitetos modernos e se manifestou por meio de uma linguagem – várias linguagens – da forma, e que as linguagens formais e os sistemas associativos são inevitáveis e bons, tornando-se tiranias somente quando não temos consciência deles. Nosso outro argumento é que o conteúdo do simbolismo não reconhecido da arquitetura moderna atual é tolo. Estamos projetando patos* (edifícios de caráter escultórico) *mortos."* Idem, ibidem, p. 202.

20. Idem, ibidem, p. 40.

21. Idem, ibidem, p. 30.

22. *"A arquitetura moderna recente atingiu o formalismo ao mesmo tempo em que rejeitava a forma; promoveu o expressionismo enquanto ignorava o ornamento; e deificou o espaço enquanto rejeitava os símbolos. As confusões e ironias resultam dessa situação desagradavelmente complexa e contraditória."* Idem, ibidem, p. 185.

REFERÊNCIAS BIBLIOGRÁFICAS

Livros:

ALVIM, Sandra P. de Faria. *Arquitetura religiosa colonial no Rio de Janeiro*. Rio de Janeiro: Editora da UFRJ/Minc-IPHAN/Prefeitura da Cidade do Rio de Janeiro, 1997. Vols. I e II.

ALBERNAZ, Maria Paula e LIMA, Cecília Modesto. *Dicionário Ilustrado de Arquitetura*. São Paulo: ProEditores, 1998. Vols I e II.

BRANDÃO, Carlos Antônio Leite. *A formação do homem moderno vista através da arquitetura*. Belo Horizonte: Ed. UFMG, 1999.

BLASER, Werner. *Mies van der Rohe*. Barcelona: Editorial Gustavo Gili, 1987.

BOESINGER, Willy. *Le Corbusier*. Barcelona: Editorial Gustavo Gili, 1982.

BOUDON, Philippe. *Sur l'espace architectural – essai d'épistémologie de l'architecture*. Paris: Dunod, 1971.

CARVALHO, Cláudia; NÓBREGA, Cláudia e SÁ, Marcos. *Guia da arquitetura colonial in*: SENDYK, Fernando (org.). *Guia da arquitetura colonial, neoclássica e romântica no Rio de Janeiro*. Rio de Janeiro: Prefeitura da Cidade do Rio de Janeiro, Secretaria Municipal de Urbanismo, Centro de Arquitetura e Urbanismo do Rio de Janeiro, Editora Casa da Palavra, 2001.

CONDE, Luiz Paulo Fernandez e ALMADA, Mauro. *Guia da arquitetura Art Déco no Rio de Janeiro*. Rio de Janeiro: Prefeitura da Cidade do Rio de Janeiro/Editora Index, 1997.

CORBUSIER, Le. *Por uma arquitetura*. 2ª ed. – São Paulo: Editora Perspectiva, 1977.

CORONA, Eduardo e LEMOS, Carlos A.C. *Dicionário da Arquitetura Brasileira*. São Paulo, Edart – São Paulo: Livraria Editora Ltda., 1972.

DUCHER, Robert. *Características dos estilos*. São Paulo: Martins Fontes, 1992.

FERREIRA, Aurélio Buarque de Holanda. *Novo Dicionário da Língua Portuguesa*. 2ª edição, Rio de Janeiro, Editora Nova Fronteira, 1997.

FURNARI, Michele. *Atlante del Rinascimento: il disegno dell'architettura da Brunelleschi a Palladio*. Nápoles: Electa, 1993.

GIURGOLA, Romaldo. *Louis I. Kahn*. Barcelona: Editorial Gustavo Gili, 1980.

GRESLERI, Giuliano. *Josef Hoffmann*. Barcelona: Editorial Gustavo Gili, 1983.

HAAR, Michel. *A obra de arte – ensaio sobre a ontologia das obras*. Rio de Janeiro: Difel, 2000, trad. Maria Helena Kühner, Coleção Enfoques: Filosofia.

HARVEY, David. *Condição Pós-Moderna: uma pesquisa sobre as origens da mudança cultural*. São Paulo: Edições Loyola, 2002. Trad. Adail U. Sobral e Maria Stela Gonçalves.

HOCKE, Gustav R. *Maneirismo: o mundo como labirinto*. São Paulo: Editora Perspectiva, Editora da USP, 1974. Trad. Clemente R. Mahl.

IBELINGS, Hans. *Supermodernismo: arquitectura en la era de la globalización*. Barcelona: Editorial Gustavo Gili, 1998.

JONES, Owens. *The grammar of ornament – illustrated by examples from various styles od Ornament*. Nova York: DK Publishing Inc., 2001. (primeira edição 1856).

JUNG, Carl G. (org.). *O homem e seus símbolos*. Rio de Janeiro: Nova Fronteira, 1977. Trad. Maria Lúcia Pinho.

KOCH, Wilfried. *Dicionário de Estilos Arquitetônicos*. São Paulo: Martins Fontes, 1996.

KOPP, Anatole. *Quando o moderno não era um estilo e sim uma causa*. São Paulo: Nobel, Editora da Universidade de São Paulo, 1990.

KRIER, Leon. *Leon Krier: houses, palaces, cities*. Londres: AD Editions Ltd, 1984.

KRIER, Rob. *Architectural Composition*. Londres: Academy Editions, 1988.

LOOS, Adolf. *Adolf Loos: Ornamento y delito y otros escritos*. Barcelona: Editorial Gustavo Gili, 1972. Trad. Lourdes Cirlot e P. Pérez. Introd. Roland Schachel.

MAILLARD, Robert. *Diccionario de arquitectura, de la antigüedad a nuestros días*. Barcelona: Editorial Gustavo Gili, 1981.

MARCONDES, Luiz Fernando. *Dicionário de termos artísticos*. Rio de Janeiro: Edições Pinakotheke, 1998.

PAIM, Gilberto. *A beleza sob suspeita – o ornamento em Ruskin, Lloyd Wright, Loos, Le Corbusier e outros*. Rio de Janeiro: Jorge Zahar Ed., 2000.

PALLADIO, Andrea. *The four books of Architecture*. Nova York: Dover Publications.

PEVSNER, Nikolaus. *Os pioneiros do desenho moderno: de William Morris a Walter Gropius*. São Paulo: Martins Fontes, 1980, trad. João Paulo Monteiro, rev. Monica S. M. da Silva.

RISEBERO, Bill. *Historia Dibujada de la Arquitectura Occidental*. Madri: Hermann Blume Ediciones, 1982. Trad. Rafael Fontes.

ROCHA-PEIXOTO, Gustavo. *Introdução ao neoclassicismo na arquitetura do Rio de Janeiro in:* SENDYK, Fernando (org). *Guia da arquitetura colonial, neoclássica e romântica no Rio de Janeiro*. Rio de Janeiro: Prefeitura da Cidade do Rio de Janeiro, Secretaria Municipal de Urbanismo, Centro de Arquitetura e Urbanismo do Rio de Janeiro, Editora Casa da Palavra, 2001.

ROCHA-PEIXOTO, Gustavo. *O ecletismo e seus contemporâneos na arquitetura do Rio de Janeiro in:* SENDYK, Fernando (org). *Guia da arquitetura eclética no Rio de Janeiro*. Rio de Janeiro: Prefeitura da Cidade do Rio de Janeiro, Secretaria Municipal de Urbanismo, Centro de Arquitetura e Urbanismo do Rio de Janeiro, Editora Casa da Palavra, 2001.

ROTHGEB, Carrie Lee (Coord.). *Carl G. Jung – chaves-resumo das obras completas*. São Paulo: Atheneu, 1998, trad. Arlene Ferreira Caetano, rev. Heloisa Cardoso.

SÁ, Marcos Moraes de. *A Mansão Figner: o ecletismo e a casa burguesa no início do século XX*. Rio de Janeiro: Senac-Rio, 2002.

SCHEZEN, Roberto. *Adolf Loss: Architecture 1903-1932*. Nova York: The Monacelli Press, 1996.

SCRUTON, Roger. *Estética da arquitetura*. Lisboa: Edições 70, 1979. Trad. Maria Amélia Belo.

SERLIO, Sebastiano. *The Five Books of Architecture, un unabridged reprint of the english edition of 1611*. Nova York: Dover Publications, 1982.

SILVEIRA, Nise. *Jung – vida e obra*. Rio de Janeiro: Paz e Terra, 1997.

SPELTZ, Alexander. *Estilos de ornamentos*. Rio de Janeiro: Editora Tecnoprint. Trad. Ruth Judice.

STIERLIN, Henri. *A Grécia: de Micenas ao Parthenon*. Köln: Taschen, 1998. Col. Arquitectura Universal. Trad. Fernando Tomaz.

STROETER, João Rodolfo. *Arquitetura & teorias*. São Paulo: Nobel, 1986.

SUMMERSON, John. *A linguagem clássica da arquitetura*. São Paulo: Martins Fontes, 1982. Trad. Sylvia Fischer, Ver. Monica S. M. da Silva.

TOMAN, Rolf. *Romanesque – Architecture, Sculpture, Painting*. Köln: Könemann Verlagsgesellschaft mbH, 1997.

UNRAU, John. *Looking at Architecture with Ruskin*. Londres: Thames & Hudson, 1978.

UPJOHN, Everard M. et al. *História mundial da arte,* 5 vols. São Paulo: Difel, Círculo do Livro, 1975. Trad. Maria Benedita Monteiro, Ver. José-Augusto França.

VENTURI, Robert et al. *Aprendendo com Las Vegas: o simbolismo (esquecido) da forma arquitetônica*. São Paulo: Cosac & Naif, 2003. Trad. Pedro Maia Soares.

WATKIN, David. *Morale et Architecture aux 19e et 20e siècles*. Bruxelas: Pierre Mardaga éditeur.

Periódicos e Artigos de Jornal:
A.D. Profiles 17, *The Beux-Arts*. Londres: Architectural Design.

Internet:
BRANDÃO, Carlos Antônio Leite. *Introdução ao Maneirismo e ao Barroco*.
www.arq.ufmg.br/ia/introducaoaomaneirismo.html
www.greatbuildings.com
www.arquiteturavisual.com

CRÉDITO DAS FOTOS E DESENHOS O desenho da figura 22 faz parte do livro: *Arquitetura religiosa colonial no Rio de Janeiro*, vol. II. Todos os demais desenhos foram elaborados pelo autor especialmente para esse livro. A foto da figura 27A é do arquivo do IPHAN; as fotos das figuras 36 B, 36 C e 41 são de Cristiano Mascaro; a foto da figura 47 A é de Manuel Fiaschi; a foto da figura 47 B é de Annie Goldberg Eppinghaus; a foto da figura 40 foi cedida pelo Centro Georges Pompidou de Paris; todas as demais fotos são do autor.

Este livro foi impresso na Editora JPA Ltda.,
Av. Brasil, 10.600 – Rio de Janeiro – RJ,
para a Editora Rocco Ltda.